JN440612

유대교와 이슬람, 금기에서 법으로

최창모·최영철·이원삼·김종도 지음

한울
아카데미

이 책은 2005년도 한국학술진흥재단 협동연구 지원 사업에 의해 출판되었음.(KRF-2005-042-A00046)

이 도서의 국립중앙도서관 출판시도서목록(CIP)은 e-CIP 홈페이지(http://www.nl.go.kr/ecip)에서 이용하실 수 있습니다.(CIP제어번호: CIP2008002287)

서문

중동 지역에는 분쟁뿐 아니라 문명도 있다. 문명사적 관점에서 중동의 역사를 1시간으로 볼 때 55분은 문명이고 5분만이 분쟁의 시간이다. 중동의 문명과 문화는 깊고 넓으나, 그곳의 분쟁과 갈등은 짧고 얇은 것이다.

중동 지역에는 인류 최고의 메소포타미아와 이집트 문명이 있고, 찬란한 페르시아와 오스만 문명도 걸쳐 있다. 헬레니즘과 쌍벽을 이루는 가나안의 헤브라이즘(히브리 문명)과 아라비아의 이슬람 문명도 빼놓을 수 없다. 이처럼 중동 지역은 문명의 발상지이자 동시에 동서문명의 교차로였다. 바다와 육지의 '길'은 인류 문명이 소통하는 대동맥이었다.

문명에 건설자가 있으면 언제나 파괴자가 있게 마련일까. 이스라엘과 아랍국 간의 갈등과 분쟁, 미국의 이라크 침공, 숱한 내전과 전쟁은 중동의 비극이자 현실이다. 분쟁의 연원이 무엇이든지 간에 중동 지역에는 뿌리는 같으나 역사가 변천하면서 합일될 수 없는 평행선을 달리는 두 민족, 두 종교가 있다.

이 둘 사이에는 맥락적 함의에서 또는 문화접변의 측면에서 교리의 핵을 구성하고 있는 신조에 상당한 차이가 있기 때문에 결코 평화롭지 못한 세월이 이어졌다. 분쟁의 해결을 위한 대안의 모색은 지난한 과제가 되고 있다.

그동안 다양한 방식으로 두 민족, 두 종교 사이의 비교연구는 지속되어왔다. 이 책은 유대인과 무슬림, 유대교와 이슬람의 서로 같고 다름이 신조와 맥락에 따라 어떻게 드러나는지에 대한 연구의 한 결과이다. 두 종교 사이의 관계를 '금기'라는 주제어를 통해 그 맥을 짚어보고자 한다.

금기는 종교공동체 또는 국가적 차원에서 정체성의 형성과 질서의 유지, 여러 사회제도의 작동 및 통제기제로서 중요한 사회 통합의 기능을 수행한다. 아울러 한 사회의 가치와 신앙, 정서까지도 보존하고 후손에게 전달하는 기능도 담당한다. 특히 음식법(유대교의 카슈루트, 이슬람의 할랄과 하람)과 예배(유대교의 안식일과 이슬람의 쌀랏 알 주므아)는 두 종교 간 규범적, 형태적 차원에서 매우 중요한 주제이며 이와 관련된 금기사항은 그 사회를 이해하는 핵심적인 요소이다.

종교공동체 또는 국가는 때때로 이러한 금기들을 강화하는 정책을 실시하여 정체성을 강화하거나 국민통합을 촉진시키는 수단으로 사용하기도 한다. 행위주체로서의 개인의 입장에서 보면 이는 위로부터 부여 또는 강제되는 소극적인 종교적·사회적·정치적 기제가 될 수 있지만, 반대로 종교·사회적 관습과 제도를 형성하는 과정에서 보면 내적 가치와 이념을 적극적으로 표출하는 수단이 되기도 한다.

유대교는 안식일, 음식법, 의상, 남녀 성(性)차별 등 금기의 준수 여부 또는 엄격성의 정도에 따라 초정통파 유대교(Ultra-orthodox

Judaism), 정통파 유대교(orthodox Judaism), 보수파 유대교(conservative Judaism), 개혁파 유대교(reform Judaism) 등으로 구분된다. 이스라엘에서는 그동안 다양한 유대교 종파의 이합집산(離合集散) 과정에서, 그리고 아시아·아프리카 출신인 세라파딤 유대인들의 정체성 확립 차원에서 이러한 종교적인 금기의 준수가 자발적으로 강화되기도 했다. 이스라엘 정계에서 1980년대 후반부터 세파라딤 초정통파 유대교 정당인 샤스당이 급격히 부상한 것은 그 일례라 할 수 있다.

한편, 과거 터키와 튀니지 등 이슬람 국가에서는 이슬람 금기의 철폐 또는 완화가 근대화와 개혁의 상징적인 수단으로 이용되었다. 반대로 이란의 경우 이슬람 신정국가(神政國家)화 및 종교정책의 강화와 국민들의 이슬람 혁명정권에 대한 지지가 여성의 히잡 및 차도르 착용으로 표출되기도 했다. 또한 1970년대 이후 중동의 이슬람부흥운동이 서구 세속주의적 물질문명의 침투에 대한 저항의 기제로서 작용하자 이러한 종교적인 금기의 준수가 자발적이고 적극적으로 강화되기도 했다.

이처럼 유대교와 이슬람의 종교적 금기는 다양한 의도와 형태로 종교적인 집단을 형성·통합 또는 분열시키며 종교성(religiosity)과 내적 가치 및 이념을 드러내고 표출시키는 상징적인 코드로 작용해왔다. 동시에 사회관계를 규율하고, 종교공동체의 경계를 구분하며, 다양한 차원의 집단적 정체성을 형성하게 했다. 따라서 금기의 형성, 변화, 제도화와 개인에 의한 수용 또는 해체 과정, 그리고 그 과정에서 이러한 금기가 가지고 있는 형성적·맥락적 함의에 따른 규범화 과정의 연구는 중동의 종교, 정치, 문화를 이해하는 데 매우 긴요하다 할 수 있다.

평소 학문적 뜻을 같이하며 꾸준히 교류해오던 네 명의 동지 —두 명(최창모, 최영철)은 이스라엘에서 공부한 유대교 및 이스라엘의 정치 및 사회 전공자, 다른 두 명(이원삼, 김종도)은 이슬람 국가에서 공부한 이슬람 신학 및 아랍어 전공자로 구성—가 한국학술진흥재단의 기초학문지원사업 분야에 지원해보기로 마음먹고 국내외 여러 자료를 기초 조사한 바, 국내학계는 물론 국제학계에서도 유대교와 이슬람의 금기에 대한 체계적이고 심층적인 연구가 그리 많지 않음을 발견했다. 국내외 일부 학자들이 단편적으로 연구를 수행하기도 했지만 유대교와 이슬람의 금기에 대한 체계적인 비교 연구는 전무한 상태였다. 특히 금기의 법규범화에 대한 연구는 이슬람과 유대사회를 좀 더 심층적으로 연구할 수 있는 토대가 될 것이라는 점에 뜻을 모아 심혈을 기울여 여기까지 달려왔다.

우리의 연구는 유대교와 이슬람 종교 사회의 기본 틀을 이루고 있는 경전(구약 성서와 코란 및 하디스)을 중심으로 한 이론 연구와 이러한 금기가 국가에 의해 어떻게 실정법으로 규범화되고 있으며 실제 생활에서 어떤 모습으로 적용되고 수용되어 나타나는가 하는 실행 연구로 나누어 진행했다. 즉, 두 종교의 금기에 대한 규범과 실제를 결합시키려 한 것이다. 종교가 현실 사회를 상당부분 지배하고 있는 중동 지역에서 금기의 법규범화 과정을 사례별로 분석함으로써 전통과 변화의 상호 관계를 엿볼 수 있을 뿐만 아니라, 중동 사회의 미래를 예측하는 데에도 기여할 것으로 믿는다.

결과는 기대한 것만큼 만족스럽지 못하여 세상에 내놓기가 무척 부끄럽다. 우선 체제 면에서 유대교와 이스라엘, 이슬람과 여러 이슬람 국가의 배경과 연구 환경이 서로 달라 통일성을 찾기가 무척 까다로웠음을 밝혀둔다. 특히 이슬람 국가의 경우 국가에 따라 그 편차가 적지 않아 일반화하기가 무척 어려웠다. 또한 유대교는 금기와 관련된 법규나 판례가 공개되어 있지만 이슬람권은 비공개 상태라 자료 수집이 용이하지 않았다. 그럼에도 이 주제에 대해 궁금증을 가지고 있는 독자들에게 얼마간의 해갈이 될 수 있기를 기대한다.

보잘것없는 연구 결과를 선뜻 출판해주신 도서출판 한울 김종수 대표와 연구비를 지원해주신 한국학술진흥재단에 깊은 감사를 드리는 바이다.

2008. 6. 25.

연구자들을 대표하여 최창모

차례

제1장

유대인의 금기와 성격

최창모 | 건국대학교

1. 들어가는 말

음식은 곧 문화다.

누가 뭐라 해도 인류가 살아가면서 가장 중요하게 관심을 갖는 것은 음식이다. 음식이 중요한 것은 단지 그것이 배고픔을 면하게 해주기 때문이라기보다는 인간 활동의 대부분이 음식을 얻고 소비하는 것과 긴밀하게 관련되어 있기 때문이다. 나아가 문화로서의 음식 습관은 한 사회의 구성원을 묶음으로써 상호 관계를 지속적으로 유지

* 이 장은 최창모, 『금기의 수수께끼』(한길사, 2003)의 제1부와 제2부 1장을 수정·보완한 것임을 밝혀둔다.

시켜주는 데 중요한 역할을 담당하기 때문에 인간의 무한한 식욕이 공동체의 구성원 사이, 혹은 사회 전체에 끼치는 영향은 매우 크다.

사람들은 음식을 함께 나눔으로써 쿰란이나 초기 기독교 공동체에서 나타나는 공동 식사에서처럼 개인적 우의 또는 집단의식을 다지기도 하며, 함께 음식 먹기를 거부함으로써 분노나 불화(不和)를 나타내기도 한다. 식량 때문에 전쟁을 치르기도 한다. 히브리어에서 '전쟁(מלחמה)'이라는 단어가 '빵(לחם)'과 그 어원이 같다는 것에서도 알 수 있다. 결국 음식은 인간 사회의 사회적 관계에 대한 하나의 물질적·경제적 표현이며, 따라서 인간의 본질과 사회·문화적 특성을 설명하는 훌륭한 예가 되기도 한다.

한편, 음식에는 권력과 사회 제도가 어떤 방식으로든지 개입하게 된다. 일반적으로 정치적 권위는 언제나 경제적 힘과 연결되어 있다. 힘을 가진 자는 항상 힘을 남용할 위험을 갖고 있기 때문에 많은 금기가 붙어 다닌다. 따라서 음식 금기는 평민보다 왕이나 제사장과 같은 막강한 힘을 가진 자들에게 먼저 발생한다(cf. 에스겔 42:13~14; 44:29, 31). 특히 음식 금기는 귀족의 음식에 대한 끝없는 탐욕을 억제하는 사회적 제어장치이며, 동시에 '거룩한' 자들이 먼저 '거룩한' 음식 규정을 지켜야 한다는 종교적 책임을 더욱 요구한다는 것을 의미한다. 여기서 '거룩하다'는 것은 곧 '구별된다'는 것을 의미한다.

제사를 지내고 남은 음식은 반드시 불에 태워야 한다는 금기[1]는

---

1) 제사 후 남은 음식을 태우는 습관은 불운(不運)이 남은 음식을 매개로

거룩한 음식이 일반 음식과 섞이게 되면 그 성스러움이 심각하게 훼손된다고 생각하기 때문에 발생한다. 여기에서 음식물은 서로 다른 영역(신과 인간, 인간과 동물, 인간 사이)이나 두 총체 사이의 모서리의 매개(媒介)를 이루는 것이 된다. 뒤섞임은 상호 적대적이다.

음식이 종교적 행위와 밀접하게 관련된 까닭은 종교적인 제의가 신에게 제사를 드리고—제사는 신이 인간에게 주신 선물에 대한 감사의 응답이다(수직적 균형)—그 음식을 함께 나누어 먹음으로써—제사 후 음식을 함께 나누는 것은 축제의 기본 요소이다(수평적 균형)—구성원 간의 일체감(cohesiveness)과 동일성(identity)을 표현하는 사상과 행위의 시스템이기 때문이며, 나아가 초월적인 존재와의 접촉에서 오는 위험을 피하기 위해 사물이나 사람으로부터 전염·오염을 막으려는 욕구가

하여 찾아온다는 생각 때문이다. '마법사가 남은 음식을 지키고 있기 때문에 반드시 태워야 한다'고 생각하는 것이다. 위험 요소를 제거하는 데에는 태우는 것보다 더 좋은 방법이 없다. 성서에는 "무릇 제사장의 소제물은 온전히 불사르고 먹지 말지니라"(레위기 6:22)라고 쓰여 있다. 한편, 제사에 사용한 고기는 당일에 먹어야 하며 다음 날 아침까지 남겨서는 안 된다. 이러한 금기는 성서의 만나와도 관련이 있다. "모세가 그들에게 이르기를 누구든지 아침까지 그것을 남겨두지 말라 하였으나 그들이 모세의 말을 청종치 아니하고 더러는 아침까지 두었더니 벌레가 생기고 냄새가 난지라. 모세가 그들에게 노하니라"(출애굽기 16:19~20)라는 부분을 보면 알 수 있다. 또, 유월절에 잡은 양고기는 "아침까지 남겨 두지 말며, 아침까지 남은 것은 소화(燒火)하라"(출애굽기 12:10)라고 했다. 이러한 습관은 고대 로마에도 있었으며, 폴리네시아의 여러 부족에도 남아 있다.

필연적으로 종교적인 성격을 띠게 되기 때문이다. 이것이 두 영역 내지는 존재 사이를 구별하기도 하고 결합시키기도 하는 음식물의 양가성(ambivalence)이다.

음식 문화에 대해서 보편적인 관습이나 음식법은 없다. 따라서 어떤 음식 문화가 '원시적'이며 어떤 음식 습관이 '고급문화'에 속하는 것인지를 구별하는 것은 의미가 없다. 특정 음식 문화는 곧 그 집단의 성격이나 문화의 다른 차원을 반영해줄 뿐이다. 어떤 사회에서 어떤 음식은 먹을 수 있고 어떤 음식은 금지되어 있다는 것은 그 사회에서 어떤 음식에 대한 상징적 가치(symbolic value)를 서로 다르게 이해하고 있기 때문이다.

각각의 민족은 자신의 동일성을 유지하기 위해—그 반대 논리도 성립할 수 있지만—나름의 독특한 음식법을 가지고 있다. 이집트인은 히브리인이 깨끗하다고 생각하는 동물인 양을 혐오감을 일으키는 동물이라고 규정하고 있으며, 돼지고기는 만월(滿月)이 뜨는 날만 제외하고 먹는 것이 금지되었다. 아시리아와 바빌로니아에서는 "이야르 달 9일에는 생선을, 아브 달 30일에는 돼지고기를, 그리고 티슈리 달 27일에는 소고기를 먹을지어다"처럼 특정한 날에 특정한 음식을 먹는 규정이 있었다. 성서에서도 특정한 날에는 특정한 음식만을 먹도록 규정하고 있는 관습이 있는데 이와 형식적인 면에서 차이가 없다(cf. 신명기 16:3).

힌두 사람들이 깨끗한 것과 더러운 것을 구별한 것은 기원전 1,000~800년 즈음이다. 모든 육식을 금했고, 자기 지역의 동물은 부정하게 취급되었다. 그리스·로마인들에게는 제물로 희생되지 않는 동물은 부정하다. 황소는 희생제물로 바쳐지는 것이 금지되었는데, 이는 밭을 갈아야 하는 실용적인 이유 때문이다. 아테네 사람들은 염소가 식물, 특히 올리브 나무를 파괴한다는 이유로 질색해 했으며, 반면 스파르타인들은 염소를 헤라(Hera) 신에게 바쳤다. 개의 경우 어떤 지역에서는 부정하게, 다른 지역에서는 깨끗하게 여겨졌다. 제2차 세계대전을 전후로 인도인은 서양인의 밀을 거부하기도 했다.

구약 성서의 음식법 **카슈루트**(kashruth)는 토라의 정결법(Holiness Code)[2)]에 광범위에 걸쳐 규정되어 있다. 이 법은 "나는 여호와 너희 하나님이라. 내가 거룩하니 너희도 몸을 구별하여 거룩하게 하라"(레

2) 라이트(Wright, 1991: 150~181)를 참조하라. 정결법의 기본 개념은 거룩한 하나님의 백성인 '이스라엘의 백성들'이 마땅히 지켜야 할 구별된 질서로써 "너희는 거룩하라. 나 여호와 너희 하나님이 거룩함이니라"(레위기 19:2)로 요약된다. 레위기의 정결법은 그 형식과 내용에 있어서 토라의 계약서(출애굽기 20:19~23:23)와 신명기의 법(신명기 12~30)과 서로 닮았다. 이를 도표로 정리하면 다음과 같다.

주제	정결법 (레위기)	계약서 (출애굽기)	신명기
서언: 예배의 적절한 형식	17	20:19~23	12
땅에 관련된 의무	19:9f.; 25	23:10~11	15; 24:19~22, 26
거룩한 축제들	23	23:12~19	16:1~7
후기: 축복과 저주	26:3~46	23:20~33	27~30

위기 11:44)는 원칙에서 출발하며(Douglas, 1966; Neusner, 1983), 대략 기원전 6세기 디아스포라 세계에서 흘러나오게 된다. 그러나 이 관습은 어떤 특정한 시기에 주변 세계와 완전히 독립해서 발생한 것이 아니다. 다시 말해서 오랜 기간 동안 디아스포라 세계에 살면서 타 민족과의 동화(同化)를 막고 자기 민족의 동질성을 유지하면서 사회를 결합하고 통합하기 위해서 주변 국가와 차이와 구별을 하기 위한 불가피한 조처였다.

히브리 성서에 의하면 태초에 하나님은 인간에게 채식(채소와 곡식, 과일)만을 허락했다(창세기 1:29). 그러나 인간의 행위가 속속들이 썩고 땅은 무법천지가 되어(창세기 6:12), 하나님의 징벌이 노아의 홍수로 이어졌다. 홍수 이후 "그러나(אך) 고기를 그 생명이 되는 피째 먹지 말 것이니라"(창세기 9:4; cf. 레위기 3:17; 7:26; 17:10~14)는 조건부로 육식이 허락되었는데, 유대인이 피 먹는 것을 엄격히 금하고 있는 이유는 "육체의 생명은 피에 있다"(레위기 17:11)라는 사상 때문이다. 그리고 먹을 수 있는 고기의 경우 되새김하는 위가 달렸으면서 동시에 발굽이 갈라진 동물만 먹을 수 있다(레위기 11:3). 또, 기본적으로 유대인은 육류와 유제품류를 함께 섞어 먹지 못한다. "너는 염소 새끼를 어미젖으로 삶지 말지니라"(출애굽기 23:19)라는 규정 때문이다. 한편, 어류 중에는 지느러미와 비늘이 있는 것들만 먹을 수 있으며, 조류의 경우 가금류는 먹을 수 있으나 야생 조류는 안 된다.

대단히 복잡하고 까다롭기 이를 데 없는 이러한 고대 사회의 음식법을 지금도 유대인이 매우 엄격하게 지키는 것을 보면 우리는 코웃음을 치게 된다. 더구나 이러한 관습이 전혀 합리적인 이유나 과학적인 근거가 없어 보인다는 데에 더욱 코웃음을 칠 수밖에 없다. 그러나 이러한 까다로운 음식법은 더운 사막에서 살아온 이스라엘 사람들이 나름대로 축적한 경험을 바탕으로 오랜 세월 동안 지키고 있는 하나의 음식 문화로 이해할 수 있을 것이다. 그래서 음식을 먹는다는 것은 곧 문화를 먹는 것이다.

그런 점에서 인간의 다양한 음식 습관은 문화적 상대주의(cultural relativism) 관점에서 바라보아야 한다. 인도의 힌두교인은 소를 신성한 동물로 여겨 쇠고기를 먹지 않고, 유대인이나 무슬림은 돼지고기를 혐오하며, 서양 사람들은 보신탕에 대해 생각하기만 해도 구역질을 느낀다. 이러한 사실은 무엇이 먹기 좋은 음식인가를 규정하는 것이 단순히 소화생리학이나 영양학의 차원이 아닌 그것을 넘어서는 어떤 것임을 의미한다. 따라서 한 사회의 문화적 가치와 실천이 다른 사회의 그것보다 우월하다는 판단은 유보되어야 마땅하다. 마빈 해리스(Marvin Harris)의 지적대로 음식의 선호와 기피의 문제는 "음식 그 자체의 본질" 때문이 아니라, "사람들의 근본적인 사고 유형"에서 찾아야 하는 것이다(마빈 해리스, 1997b). 다시 말해서 음식을 얻기 위한 환경, 즉 음식의 영양학적, 생태학적, 경제적 환경에 의해 선택한 결과임이 분명한 것이다.

2. 금기란 무엇인가

'금기(Taboo)'라는 용어가 영어로 처음 소개된 것은 1777년 영국의 제임스 쿡(James Cook) 선장에 의해서다. 『남태평양 군도 여행기(Voyage to Pacific)』에서 그는 아투이(Atui) 섬 원주민의 풍습을 소개하면서 다음과 같은 기록을 남겼다.

> 그들 중에 아무도 나와 함께 앉거나 어떤 것도 먹으려 하지 않았다. 내가 놀라는 표정을 짓자 그들은 모든 것이 금기라 말했다. 이 단어는 매우 포괄적인 의미를 가지고 있으며, 일반적으로 금지된 어떤 것을 의미한다. 왜 그들이 그렇게도 삼가는지는 현재로서는 설명되지 않는다.

1933년 발간된 『옥스퍼드 영어 사전(The Oxford English Dictionary)』에 따르면, 금기는 "영구적으로 또는 일시적으로 금지(禁止) 혹은 금제(禁制) 상태에 있는 사람이나 물건; 그런 상태에 놓여 있는 존재의 현실 또는 상태; 금지나 금제 그 자체. 또, 그러한 금지가 인식되고 강제된 제도나 관습. 유럽인 최초의 방문자들에 의해 태평양 군도에 가득 찬 힘에서 발견"이라고 정의하고 있다.

금기는 어느 시대, 어느 민족에게서나 발견된다. 그것을 뭐라고 부르는가에 상관없이 어디에나 존재한다. 히브리 성서도 예외가 아니다. 성서에서 금기와 정확히 일치하는 개념의 단어는 찾을 수 없지만 고대 메소포타미아의 금기 연구와 관련해서, 수메르어 니그 - 기그(nig - gig) 혹은 아카드어 이키부(ikkibu)가 히브리어 토에바(תועבה "혐오," abomination)와 문법적으로 연관이 있다는 연구가 있다(Hallo, 1985: 21~40). 어원적으로 폴리네시아어의 금기가 수메르어 니그 - 기그와 어떤 관련이 있는 것 같지는 않다. 메소포타미아의 지혜 문학에서 사용하는 니그 - 기그가 제의와 관련된 용어인 '오염'과 '금기'를 정확히 표현할 수 있는가 하는 것은 다소 회의적이지만, 의미론적으로 니그 - 기그가 '위험'과 '성스러움'이라는 의미를 가진 두 개의 독립된 반의어(antonyms)가 결합한 것이라는 점에서 상통하는 바가 크다(Geller, 1990: 105~117).

빌헬름 분트(Wilhelm Wundt)는 금기를 "가장 오래된 구전 법"이라고 했으며, 마레트(R. R. Marrett)는 "자기 보존과 자기 옹호의 자연발생적인 힘"으로, 제번스(F. B. Jevons)는 "어떤 것을 만지게 되면 오는 불행"과 "위험스럽고 전염되기 쉬운 것", 방주네프(Van Gennep)는 "절반은 악마적이고 절반은 신적인 것"으로 생각했다. 테일러(Edward B. Tylor)는 "정치적 목적으로 설치된 종교적 규범"이라고 정의하기도 했다.

인류학자 프레이저(James George Frazer)는 『황금가지(The Golden Bough: A Study in Magic and Religion)』에서 금기란 "신성과 모독이 아직 구분되지 않은" 사물, 장소, 인물 혹은 행동을 가리킨다고 정의했다. 또, 프로이트는 『토템과 금기(Totem and Taboo)』에서 폴리네시아어의 '금기'는 신성한〔성별(聖別) 된〕 어떤 것과 금지된(부정한, 위험한, 무시무시한) 어떤 것의 융합이라 정의하면서, 이러한 금지 사항은 강한 욕구가 존재하는 행동에 주어지는 것이라고 보았다.[3] 오랫동안 많은 이들이 이룩한 연구를 바탕으로 하여 금기를 정의하면 다음과 같다.

(1) 거룩함(holy)과 부정함(unclean)의 양면성을 지닌 금기는 속성상 종교적인 개념에서 분리될 수 없다. 낮은 단계의 문화에서는 마술, 미신, 종교 사이의 구별은 존재하지 않는다. 모든 거룩함, 성스러움에는 금기가 발생한다. 그러나 모든 금기가 다 성스러운 것은 아니다. 또 거룩한 것이지만 금기가 아닌 것도 있다. 금기는 보편적으로 인간의 마음속에 자리 잡은 생각, 즉 어떤 것을 해서는 안 된다는 마음속의 '타고난 특질(inherent quality)'에서 발생한다.

(2) 금기의 본질은 그것이 선험적(a priori)이라는 데에 있다. 다시 말해서 금기는 어떤 것이 위험하고 어떤 것이 좋은 것인지에 대한 경험이 없어도 출발할 수 있다. 따라서 종종 그것은 불합리한(irrational) 것처럼 보인다. 문턱이 그 좋은 예이다. 어렸을 때 문턱을 밟고 서 있으면 어른들은 합리적인 설명도 없이 우리를 무섭게 만들어 그렇게 하지 못하도록 만들곤 했다. 금기는 위험한 곳/것에서 주로 발생하는데, 물론 위험한 것들 가운데 금기가 아닌 것들도 많다. 예를 들면 독초(毒草) 같은 것이 있다. 경험은 결코 모든 위험한 것이 모두 금기가 된다고 가르쳐주지는 않는다.

(3) 금기는 원시적인 공포·두려움과 함께 경험이 풍부한 야만인이 기피하는 혐오스러운 것들로부터 발생한다. 순수한 금기 감정은 배타

---

3) 프로이트의 토템과 금기에 관련하여 상징의 구조적 기능에 관한 연구는 디센소(DiCenso, 1996: 557~574)를 볼 것.

적으로 도덕적이거나 종교적이거나 사회적이지 않다. 그것은 순전히 알맹이가 없는 형식적인 것에 불과하다. 금기의 마술적 상황 밖에서는 도덕적·종교적 거리낌 안에서 원시적인 공포로 변형된다. 불합리한 공포는 여전히 도덕의 밑바탕에 놓여 있다. 그래서 금기를 깨는 것은 죄가 된다. 이러한 원시적인 공포·두려움은 방어와 사회화 과정에 융합된다. 폴리네시아인에게 금기는 문명 세계의 사회적·법적 규약과 닮았다. 그런 점에서 "금기는 신경증이 아니고 사회의 형성물이다." 이러한 생각에서 시작된 금기는 합리화 과정을 거쳐 점차 형성된다. 금기는 개인의 행동, 사회의 관습, 종교적인 행위 등으로 확대되어 합리적으로 적용된다. 결국 금기는 사회 통제 체계로 남게 된다.

(4) 금기는 금지(prohibition)와 성스러움(sacred)이 결합된 이중의 개념이다. 모든 금지는 '위험'한 상황에서 발생하며, 성스러운 곳에는 언제나 위험이 있다. 금기가 모두 위험한 것은 아니며, 또 금기가 모두 성스러운 것은 아니지만, 금기는 항상 위험하고 동시에 거룩한 것/곳에서 발생한다. 성서는 "하나님의 얼굴을 보는 날에는 죽으리라"(출애굽기 10:28, cf. 민수기 17:13)고 말하고 있다. 그래서 일부 경건한 유대인들의 경우 하나님의 이름(야훼, יהוה)을 직접 발음하는 것조차 금기시하여, 대신 '주'(아도나이, אדני)라 칭한다. 이처럼 '주체와 대상을 분리하지 않는' 성스러움에는 강력한 금기가 발생한다. 금기가 인간의 신에 대한 관계의 표현인 까닭이 여기에 있다. 따라서 '접촉'하지 말아야 할 것과 접촉으로 발생한 '전염·오염'을 해소하는 방법에 관한 여러 금기가 중요한 개념에 포함된다. 다시 말해서 금기란 독(毒)이며, 따라

서 반드시 약(藥), 즉 해독(解毒) 장치가 있게 마련이다. 이것은 어떻게 모든 종교가 정결법 또는 오염방지법을 가지고 있는가를 설명해준다.

(5) 금기는 '위험한 곳'에서 발생하는데, 위험한 곳은 항상 '애매모호한', 즉 '어중간한' 중간 지대에 속한다. 이곳은 동일성이나 체계와 질서를 교란시키는 곳이다. 동서양을 막론하고 보편적으로 문턱을 밟는 것이 금기로 나타나는데, 최근 구조주의자들의 연구에 의하면 문턱은 어중간한 것, 곧 안쪽도 아니고 바깥쪽도 아닌 곳으로써 모순·대립되는 것을 매개하는 매개항이기 때문에 하늘과 땅, 삶과 죽음, 영과 육을 오고가는 영매(靈媒)들에 의해 사로잡힌 곳이라고 믿기 때문이라고 한다.[4)]

---

4) 창세기 4장 7b절의 "문지방에 죄가 귀신으로 있다"는 문장의 문법적인 문제 때문에 "문에 죄가 도사리고 있다(Sin is the demon at the door)"로 번역하는 경우가 많다. 그러나 동사 **로베쯔**(רבץ)는 "바닥에 엎드려 있다", "쭉 펴고 누워 있다", "웅크리고 있다"는 말로서, 성서 안에서 한 번도 위협이나 협박을 나타내는 용어로 사용된 적이 없다. 이 말은 주로 가축이나 사자 같은 야생 동물이 굴 속에 엎드려 있다는 뜻으로 쓰였다. 또 '죄'를 의미하는 **하타아트**(חטאת) 역시 '잘못하다', '죄를 짓다'라는 동사 **하타아**의 여성형 추상 명사이다. 동사 **로베쯔**가 남성형이라는 것과 문법적으로 어울리지 않을 뿐 아니라, 성서에 두 동사가 나란히 사용된 곳은 한 곳도 없다. 그러나 **로베쯔**가 동사가 아닌 명사로 해석된다면 아카드어의 **라비쭘**(rabizum)이 귀신(demon)으로서 '좋은 귀신(benevolent)'과 '나쁜 귀신(malevolent)'으로 구별하고 있음을 고려할 때, 야훼는 가인에게 화가 나서 "네가 잘하지 못하면, 문지방에 죄가 나쁜 라비쭈(라비쭘—복수형) 귀신으로 있으며, 그것이 너를 원하겠지만, 너는 그것을 다스려야 한다"고 해석할 수 있다. 가인의

헤르츠(R. Hertz)와 방주네프 등 에밀 뒤르켕(Emile Durkheim) 학파에 속한 학자들은 왜 '중간이 되는 장소'와 '중간적인 사회 상황'이 성스러운 것으로 취급되는 경향이 있으며, 또한 금기시되는가를 설명하는 정교한 이론을 정립했다. 이들의 논지는 대략 다음과 같다.

> 불확실성은 불안감을 낳는다. 따라서 우리는 가능한 한 불확실성을 피하려고 한다. 언어는 개념들을 범주화하여 애매함이 섞일 여지를 없앤다. 즉, 하나의 개체는 인간이든가 동물이든가 어느 한쪽이며, 아이든가 어른이든가 어느 한쪽이며, 기혼이든가 미혼이든가 어느 한쪽이며, 살아 있든가 죽었든가 어느 한쪽이다. 건물의 경우를 설정하면 건물 안에 있든가 건물 밖에 있든가 어느 한쪽이다. 이처럼 한 상태에서 다른 상태로 통과하려면 문턱을 넘어야 한다. 문턱은 양다리 걸친, 이도 저도 아닌 어중간한 곳이다. 즉 문턱은 불확실성의 상태이다. 불확실성의 상태에서는 역할들이 혼돈되고 심지어는 역전된다. 따라서 경계선에 놓이며 혼돈된 역할 때문에 통상 금기들에 둘러싸이게 된다(Durkheim, 1912).

이런 관점에서 볼 때 하나님의 계시를 받는 예언자들과 하나님께 제사를 집행하는 제사장들과 하나님의 명령을 수행하는 왕 및 사사들

'문턱' 역시 애매모호한 가인의 태도—"내가 뭘 잘못했다는 말인가?"에 대한 "그럼 네가 뭘 잘했느냐?"—를 반영하고 있음을 알 수 있다(최창모, 1998: 48~104 참조).

과 영웅들은 모두 하나님에 가장 가까이 서 있는 자들로서, 특별한 '힘'을 가진 자들이며, "영에 사로잡힌 자들"(민수기 11:26)이며, 따라서 늘 '위험'에 노출된 자들이다(cf. 민수기 17:12~13). 이들은 시퍼런 작두에서 춤을 추는 무당처럼, 또는 높은 곳에서 외줄을 타는 남사당처럼 하나님과 직접 대화할 수 있는 양다리를 걸친 자이기도 하고, 죽을 수밖에 없는 인간의 속성과 영원히 죽지 않는 하나님의 속성을 동시에 가진 어중간한 자리에 위치한 자들이다. 따라서 이들이 하나님의 계시를 받는 장소는 이 세상도 아니고 저 세상도 아닌 '광야'라는 어중간한 곳이다(그들은 어디에도 완전히 속할 수 없다). 성서의 모세, 엘리야, 세례 요한, 예수, 바울 등은 모두 '광야'에서 신을 만난 자들이다. 제사장이나 왕처럼 특정한 계층에 속한 이들에게 특히 많은 개인적인 금기가 뒤따라 다니는 까닭이 여기에 있다. 신성한 힘의 남용을 막기 위해서다.

같은 맥락에서 입술이나 성기(性器)의 접촉을 다른 신체적인 접촉과는 다른 차원에서 위험하게 취급하는 까닭도 입술은 피부도 아니고 창자도 아닌 어중간한 지역이며, 따라서 위험한 곳이기 때문이다. 성 접촉·관계 역시 위험한 것으로 여겨지는 것은 남자 성기의 드러난 피부가 여자 성기의 감추어진 창자 속으로 삽입됨으로써 피부와 창자가 뒤섞여버리게 되기 때문이다. 뒤섞임과 애매모호함은 깨끗함과 순결함의 적이다.

(6) 금기는 '경계'다. 도로의 중앙차선을 넘는 것이 매우 위험한 일인 것처럼 경계 또는 금기를 넘거나 침범하는 것은 위험한 것이

된다. 그런 의미에서 금기는 성(聖)과 속(俗), 깨끗함과 더러움, 남자와 여자, 종(種)과 종(種), 선과 악 사이를 엄격하게 구별하게 해주며, 그것은 곧 사회적 질서를 유지하는 데 매우 엄격한 기초가 된다. 타자와 구별되지 않고서는 명확해질 수 없는 '차이'의 체계로 이루어진 질서는 만물의 길이며, 동일성이나 체계와 질서를 교란시키는 모호성을 제거하는 것이야말로 질서의 전부다. '차이'가 없는 곳에는 위험도 없고 따라서 오염도 없다.

신학적으로 말해서 구약의 예언자들은 유일신 사상에 비추어 모든 형식의 이방 제의에 대한 비판과 거부를 앞장서서 진행해왔는데(cf. 예레미야 10:2; 이사야 1:13), 그 과정에서 '금기'와 '미신적 습관들', '마술' 등 유해하다고 판단되는 국면들과 불가피하게 만났고, 여기서 '~하지 말라'는 정언적(定言的)인 명령이 나오게 되었다. 왜냐하면 '너희'는 '그들'과 달라 거룩하기 때문이다. 히브리어의 형용사 '거룩한'은 아카드어의 쿠두샤(kudduša), 즉 '정화하다'와 어원이 같으며, 형용사 카두슈(kaddušu)는 '순수한', '밝은', '빛나는' 등을 의미한다. 칼(Qal) 동사 카다쉬는 어원적으로 "분리·구별하다"는 뜻을 갖는다. 이는 거룩하다는 것은 전적으로 신적인 것과 인간적인 것 사이의 구별로부터 시작되어, '나·우리(자아)'와 '너·너희(타자)' 사이의 구별로 경계 지움을 의미한다.

(7) 금기는 욕망이 끓어 넘쳐흐르는 곳에서 발생한다. 음식이나 성(性)과 관련된 금기가 특히 많이 있는 까닭은 이것이 서로 다른 두 영역의 매개물인 동시에 욕망이 넘치는 곳이어서 항상 위험이

뒤따르기 때문이다. 여기서 종교적인 '위험'과 세속적인 의미의 '위험'은 동일한 것이자 동시에 다른 것이다. 성스러움과 욕망이 동일한 것은 아니지만 금기는 종교적인 의미의 위험한 곳(성스러움이 깃든 곳)에서도, 세속적인 의미의 위험한 곳(욕망이 넘치는 곳)에서도 발생된다. 특히 위험은 피·폭력과 관련되는데, 희생제사와 같은 제의적인 피 흘림과 출산 또는 월경 중에 흘리는 생리적인 피 흘림과 관련된 금기가 바로 여기에 속한다. 모든 피 흘림과 더러움이 있는 곳에서는 반드시 정결(淨潔) 의식이 뒤따른다. 결국 금기란 적절한 사회 질서를 유지해야 할 필요가 있는 곳에서 사회 통제 시스템의 한 형태로 발생한다. 욕망은 수위를 넘게 되면 위험해지기 때문에 적절한 제어장치가 필요하다. 금기는 욕망을 우회시킨다.

(8) 금기는 사회적 오염의 위험을 막기 위한 것으로서 체계 외연(外緣)의 경계를 압박하는 위험, 체계 내부의 경계를 범하는 것에서의 위험, 경계의 가장자리에 있는 위험, 내적인 자가당착에서 오는 위험 등으로부터 사회 질서를 유지하려는 목적으로 형성된 것이다(Douglas, 1966: 123~124). 여기서 오염이란 '상징체계'의 부산물이다. 이를테면 그것은 사회적인 합리성에서 벗어나는 것이다. 이때의 사회적 합리성이란 그것의 논리적인 질서 위에 사회적인 총체가 기초하는 것이다. 어떤 질서를 유지하려면 그 속에 포함되어서는 안 되는 것이 필요하며, 바로 포함되지 말아야 할 부분이 오염인 것이다. 그것은 결국 하나의 분류체계나 구조를 이루기 위한 개인의 일시적인 집적물과 구별된다.

(9) 금기는 종종 종족이나 집단의 경제적 보호를 목적으로 발생하기도 한다. 특정 계절에 낚시나 과일 수집 등이 금지되는 것이나, 숲 같은 특정 지역에 출입하는 것을 금하는 것은 지속적으로 경제적 궁핍을 피하려는 의도로 보인다. 자연과 인간을 분리해서 생각하기 이전의 사회에서는 특정 생물의 보존이 종족 유지에 필수적인 요소임을 잘 알고 있었기 때문이다.

이와 관련해서 근친결혼의 금기는 그것이 도덕적으로 나쁘다는 인식에서 출발한 것이라기보다는 사회·경제적으로 불합리하기 때문에 발생한 것으로 해석된다. 다시 말해서 결혼을 하나의 '교환가치'라고 볼 때 근친결혼은 이족결혼에 비해 종족의 경제적·정치적 이익에 현격한 손해를 끼치기 때문에 금지된 것이라는 주장은 매우 설득력이 있어 보인다.

결론적으로 금기는 여러 다양한 원인이 복합적으로 결합하여 발생하며, 따라서 그 구조 역시 매우 복잡하다. 어떤 원인으로 시작한 금기가 다른 이유와 결합하여 강화되는가 하면, 어떤 금기는 사회의 변화로 말미암아 그 기능을 상실하게 되면서 사라지기도 한다. 특히 현대 사회에서 금기는 법이나 도덕이 흡수해버린 기능을 이기지 못해서 그 힘을 상실한 경우가 많다.

3. 돼지고기 금기

돼지[5)]고기를 금지하는 성서의 규율은 "너희는 이 고기를 먹지 말고, 그 주검도 만지지 말라. 이것들은 너희에게 부정하니라"(레위기 11:11), "이런 종류는 너희를 부정케 하나니 누구든지 이것들의 주검을 만지면 부정할 것이며"(레위기 11:24)처럼 정결법에 나오고 있다. 또한 다른 음식에 대해서는 자유로우면서도 유독 돼지고기는 금하고 있는 코란에서도 "알라께서 너희에게 금하는 것은 이것들뿐이다. 썩은 고기, 피, 그리고 돼지고기"라고 밝히고 있다(코란 2:173).

돼지는 바빌로니아 지역의 수메르 사람들에게는 잘 알려지지 않은 가나안 지역의 동물이었으며, 모든 셈 족에게는 거의 금기로 알려진 동물이다. 하란 사람들은 1년에 한 번씩 돼지를 잡아 제사를 드렸으며, 사이프러스에서는 돼지가 예배와 중요한 관련이 있었다. 마카비 시대 그리스의 안티오쿠스 왕은 유대인에게 "돼지와 부정한 동물들을 희생제물로 잡아 바칠 것"을 명령한 바 있었다(마카비 상 1:47). 신약성서에서도 팔레스타인 내의 그리스·로마 도시에서 돼지를 기른 흔적을 말하고 있으며(마태복음 8:24~34), 예수 역시 "진주를 돼지 앞에

---

5) 구약 성서에서 '돼지(חזיר, 헤실)'는 사람의 이름으로 나온다(역대기 상 24:15; 느헤미야 10:21). 이는 민수기 23장 6절의 '개(כלב, 갈렙)', 사무엘 상 25장 3절의 '악당(נבל, 나발)', 창세기 36장 38절, 열왕기 하 22장 14절, 예레미야 26장 12절, 에스겔 8장 10절; 이사야 66장 17절의 '쥐(אכבר, 악볼)' 등이 사람 이름으로 사용되는 것과 통한다.

던지지 말라"(마태복음 7:6)라고 가르친바 있다. 이집트인에게도 역시 전통적으로 돼지와 돼지고기는 금지되었다. 돼지는 특히 농경 신[6]에게 드린 예배와 깊이 연관된 것으로 알려져 있다. 이는 농업과 종교 제의의 결합과 관련된다.

그러면 성서가 돼지고기를 법으로 금하는 이유는 무엇일까? 다음의 몇 가지 가설로 요약할 수 있다.

1) 위생 이론

돼지고기를 더럽다는 이유로 싫어하고 혐오하게 되었다는 이론은 랍비 모세 마이모니데스(Mose Maimonides, 1135~1204)에게로 거슬러 올라간다. 그는 12세기 스페인에서 태어나 이집트의 이슬람 황제 살라딘의 궁정 의사였으며, 랍비로서 카이로와 알렉산드리아에 대학을 창설한 자이다. 그는 돼지와 돼지고기를 먹는 기독교도들에 대해 강한 혐오감을 갖고 있었다. 그는 돼지고기가 "인체에 해롭고 나쁜 영향을 끼친다"라면서 "돼지고기를 법으로 금하는 주요한 이유는 돼지의 습성과 먹이가 매우 더럽고 혐오스럽다는 데에 있다"라고 말했다(Plutarch, 1974: 555). 또, 그는 "만약 법이 이집트인들과 유대인

6) 데메테르(Demeter, 농업·결혼·사회 질서의 여신), 아도니스(Adonis, 여신 아프로디테가 사랑한 미소년), 아프로디테(Aphrodite, 사랑·미의 여신) 등을 말한다.

들에게 돼지를 기르도록 허용한다면 카이로의 집과 거리는 유럽처럼 더러워질 것이다. 왜냐하면 돼지의 입은 똥과 같이 더럽기 때문이다" 라고 했다.[7)]

황제의 시의(侍醫)였던 그의 판단은 널리 존중되었다. 실제로 19세기 중엽 돼지고기를 날로 먹었을 경우 선모충병(旋毛蟲病, trichinosis)이 생긴다는 사실이 알려진 이후 개혁적인 유대인들은 성서의 율법이 지니는 자연과학적 토대를 마련했다고 기뻐하며 즉각 돼지고기 금기를 재해석했다. 돼지의 기생충과 전염병에 대한 의학적 지식은 모세법의 의학적 가치가 공중위생법의 범주에서 해석되기에 가장 적절한 것이었다.

그런데 돼지가 배설물을 먹고 더러운 진흙탕에 몸을 씻는 것은 타고난 습성 때문이 아니라 신체의 열을 조절하는 체계가 발달되어 있지 않기 때문이다. 즉, 돼지에게는 땀샘이 없기 때문에 많은 열을 발산하기 위해서 몸을 물에 적심으로써 체온을 조정하려는 생리적 특성이 있는 것이다. 또, 돼지는 자신의 배설물을 먹는 짐승으로 여겨져 더럽다는 인상을 뿌리칠 수 없게 만들었다. 그러나 돼지는 배설물보다 뿌리나 열매, 곡식을 더 좋아한다. 레위기는 고양이나 낙타 같은

7) 이러한 위생 이론은 다른 동물 음식의 금기에도 적용될 수 있다. 예를 들면 이집트에서 쥐와 토끼는 전염병을 퍼트린다는 이유로 금지되었으며, 돼지도 역시 위생적인 이유로 먹는 것이 금지되었다. 특히 전염병은 악귀들의 활동과 동일시했으며, 그러한 생각은 중세의 마녀사냥, 고양이 대학살과도 통한다(로버트 단턴, 1996; 제프리 버튼 러셀, 2001 참조).

다른 여러 동물의 고기도 금하고 있는데, 그렇다고 이 동물들이 자신의 배설물을 먹는 것은 아니다.

돼지고기가 다른 고기에 비해서 부패가 빠르기 때문이라는 논리도 근거 있는 주장이라고 보기는 어렵다. 팔레스타인의 재래시장에서는 고기를 공중에 오랫동안 걸어놓고 판매하는데, 오히려 그들은 수분이 적당히 증발된 고기의 육질이 훨씬 맛있다고 생각한다. 또한 돼지고기는 잘 익혀 먹으면 기생충 감염을 막을 수 있다. 돼지가 인간 질병의 보균자라면 다른 동물도 역시 마찬가지다. 그리고 불포화지방을 많이 섭취하면 암, 심장병, 비만 등의 원인이 된다는 의학적인 보고가 돼지고기에만 해당되는 것일 수 없다. 오히려 패스트푸드가 문제라면 더 문제일 수 있다. 결론적으로 마이모니데스의 자연과학적이고 의학적인 설명은 설득력이 없어 보인다.

2) 토템 이론 — 신성한 동물

프레이저는 "소위 불결하다고 열거된 모든 동물과 마찬가지로 돼지는 원래 신성한 동물이었다. 돼지를 먹지 말도록 하는 이유는 대부분의 동물이 원래는 신성하기 때문이었다"라고 주장했다. 이는 인도에서 소고기를 먹지 않는 까닭이 소가 신성하기 때문인 것과 마찬가지다.

같은 맥락에서 어떤 학자들은 돼지가 여러 다양한 부족의 토템 심볼(totem symbol)이었기 때문이라고 주장했다. 에밀 뒤르켕의 『종교생활의 기본형태(Les formes élementaires de la vie religieuse)』에 의하면 토템이란 "성스러운 것의 원형"이며, 씨족의 명칭이자 휘장·표식이었다. 다시 말해서 신성화된 토템이 힘과 씨족을 상징한다면 토템과 씨족 사회는 하나가 된다. 즉, "신과 사회는 같은 것이다". 히브리 성서에서도 "나는 여호와 너희 하나님이라. 내가 거룩하니 너희도 몸을 구별하여 거룩하게 하고 땅에 기는 바 기어 다니는 것으로 인하여 스스로 더럽히지 말라"(레위기 11:44)라고 함으로써 하나님과 이스라엘 백성의 관계를 합일시켜왔다.

그러나 이 주장은 돼지를 혐오하는 이유를 밝히는 데 전혀 도움이 되지 않는다. 왜냐하면 한때 이스라엘 민족의 우상숭배 대상이었던 소나 양, 염소 같은 다른 '정결한' 동물도 중동 지방에서 토템으로 숭배의 대상이 된 적이 있었지만 이런 동물의 고기는 그 지역의 모든 민족과 종교 집단이 먹고 있었다.

돼지고기가 단순히 신성하거나 혹은 신성하지 않은 음식이라는 이유 때문에 금기가 된 것이라기보다는 오히려 특권층의 음식이었기 때문에 일반인들에게는 제한되면서 금기로 발생했을 가능성을 배제할 수 없다. 일부 고대 사회에서는 특권층만이 특정한 장소에서 특정한 목적을 위해 특정한 음식을 먹었다. 마치 제사장이 평민과 다르게 그들만의 구별된 음식을 먹었던 것처럼 그렇게 함으로써 자신들을 다른 사람들과 구별하려 했던 것으로 보인다. 그리고 이는 동시에 자신들의 지배적 권위를 강화하는 수단으로도 이용되었을 것이다. 우리는 히브리 성서에서 이를 뒷받침할 만한 매우 중요한 흔적을 찾을 수 있다.

> 그들은 밤마다 무덤 사이로 다니면서 은밀한 처소에서 죽은 자들의 영들에게 물으며, 돼지고기를 먹으며 가증한 물건의 국을 그릇에 담으면서 사람들에게 이르기를 '너는 멀찍이 서 있어라. 내게 가까이 하지 말라. 나는 너보다 거룩함이니라' 하나니……(이사야 65:4~5).

> 스스로 거룩하게 구별하며 스스로 정결케 하고 동산으로 들어가서 그 중앙에 있는 한 사람의 뒤를 따르는 자들과 돼지고기와 가증한 짐승과 쥐 고기를 먹는 자가 다 함께 망하리라(이사야 66:17).

이 두 개의 인용문은 당시 이스라엘 사회에서 특권층에 속한 사람들이 특정한 목적, 즉 신탁의 환상(oracular dream)을 위하여 둥그렇게 앉아 그들만의 음식 — 여기서는 돼지고기와 부정한 짐승과 쥐 고기를 먹었다 — 을 먹으며 신과의 접촉, 즉 접신(接神)을 경험하려 하는 독특한 관습을 그리고 있다. 이런 관습을 숭배하며 '스스로 거룩하다'고 여기는 특권층에 속한 제사장들의 내부적 관습에 대해서 이사야는 제의적 범죄행위라며 크게 꾸짖고 있는 것이다(이사야 66:3). 이렇게 음식에는 계급이 있었다.

3) 신의 음식이론

이교도가 거룩하게 여기는 동물은 유대인에게 금기시되었다고 주장하는 학자들도 있다. 이방 제의에 대한 이스라엘 백성들의 거부가 성서속 음식 금기의 기원이 된다는 것이다. 특히 이방 제의에서 제물은 "신의 음식"이고,[8] 제사 후 그 음식을 먹는 것은 신의 생명에 참여하여 신과의 합일을 이루려 하는 것인데, 이러한 제의의 목적을 따르지 않고자 한 이스라엘인은 이방인들이 선호하는 제물인 돼지를 거부함으로써 자신들을 이방인과 구별시켰다는 것이다. 이러한 주장은 레위기 20장 23절에서 뒷받침된다. "너희는 내가 너희 앞에서 쫓아낼 민족의 풍속을 따라서는 안 된다. 그들이 바로 그런 풍속을 따라 살았기 때문에 내가 그들을 싫어하였다"라고 하고 있다.

신의 음식을 인간이 나누어 먹는다는 것은 신의 몸을 그들 가운데 섞음으로써 혼동을 일으키는 것이기 때문에 먹으면 안 된다. 이러한 습관은 음식을 통해 전능자의 위험한 힘이 전달된다고 믿는 데서 발생한다. 악령으로부터의 위험을 피하려면 악령의 위험이 전달되는 매개물인 음식을 금지함으로써 가능하다고 믿었던 것이다. 말레이시아 사람들은 뱀장어(eels)를 먹지 않는데 그 속에 악령이 살고 있다고 생각하기 때문이다. 남아프리카의 한 부족은 생선을, 호주인은 돼지고기를 같은 이유에서 금하고 있다. 그러나 황소나 물고기 같은 특정 생물의 경우 이집트와 주변 국가에서 거룩한 것으로 여겼지만 유대인들은

8) 제물이 "신에게 바쳐진 음식"이었다는 주장은 고대 사회의 유물론적이고 의인론적인 사고의 잔재로서 많은 사료에 나와 있다. 바빌로니아 신화에서는 인간이 불에 태워 드리는 제물에 "신들이 향기를 냄새 맡고, 파리 떼처럼 모여들었다"고 쓰고 있으며, 히브리 성서에서도 여호와께서 노아가 바친 제물의 "향기를 냄새로 맡았다"(창세기 8:21)라고 기록하고 있다.

부정하다고 규정하지 않았다는 것도 고려해야 할 것이다.

4) 분류학 이론

더글러스(Douglas, 1999)는 레위기 11장을 연구한 후 "성서에서 먹지 말도록 금지하는 동물은 어떤 의미에서든 모두 비정상적인 동물이다. 전체로서의 성서 체계는 어떤 방식으로 고안되어 있는데, 질서와 완전성에 대한 하나님의 승인을 나타낼 수 있는 방식으로 고안되어 있다"라고 했다. 그녀의 이러한 논지는 자신이 전공한 중앙아프리카 렐레(Lele) 족의 동물분류법을 성서에 비교·응용시킨 것이다.

> 신성함이란 뚜렷한 창조의 카테고리를 보존하는 것을 의미한다. 따라서 그것은 올바른 정의(定義), 구별, 그리고 질서와 관계된다 (Douglas, 1966).

그녀는 구약 성서에서 먹지 못하도록 금지하는 동물이 고대 이스라엘 사람들의 동물분류법에 맞지 않는 동물들이라는 것을 보여준다. 낮 동물과 밤 동물, 물 동물과 뭍 동물, 위쪽 동물과 아래쪽 동물 등의 분류 기준은 차이를 구별하는 것(자연적)과 종의 다양함을 분류하는 문제(문화적)가 상호 작용하여 결정된다. 동물은 소와 같이 새김질을 하고 굽이 갈라져야 정상이다. 그런데 낙타는 새김질은 하지만 굽이 갈라지지 않아(사실 낙타는 굽이 갈라져 있다) 비정상이기 때문에 먹어서는 안 되며, 그 반대인 돼지도 비정상이므로 먹어서는 안 된다. 물고기는 비늘과 지느러미가 있어야 정상이므로 비늘이나 지느러미가 없는 물고기는 먹어서는 안 된다. 마찬가지로 날개를 가진 곤충은 날아다녀야 정상이다. 그러므로 날지 못하는 곤충은 비정상이고 먹지 못하도록 금지된다. 메뚜기는 날아야 정상인데, 날지 못하기 때문에 비정상이므로 먹지 못하도록 금지된다. 오소리의 경우 귀 없는 토끼처럼 발굽이 작으면서도 무소와 같은 이빨이 있기 때문에 코끼리처럼 보인다고 해서 기형이라고 생각했고, 말미잘의 경우 식물과 동물의 어중간한 특성을 지니고 있으며, 날다람쥐는 새도 동물도 아니다. 이들은 대부분 회피되는 동물이다.

또, 그녀는 돼지에 대해서 "돼지로부터는 우유도 가죽도 털도 얻을 수 없다. 돼지를 기르면 얻을 것이라고는 고기밖에 없다. 만약 이스라엘 사람들이 돼지를 기르지 않았다면 그것은 돼지고기를 먹는 습관이 없었기 때문이었을 것이다. 내 생각으로는 이스라엘 사람들이 원래부터 돼지를 부정한 동물로 여기는 까닭은 돼지가 야생의 멧돼지와 다르고 영양의 무리로도 분류되지 않기 때문인 것 같다"라고 했다. 즉, 발굽은 갈라졌지만 되새김질을 하지 않는 돼지는 "어느 쪽에도 속하지 않는" 애매모호한 동물이 되었다는 것이다. 돼지가 분류상 설자리가 없다는 말은 금기가 발생할 수 있는 충분한 조건이 된다. 결국 레위기가 돼지를 먹어서는 안 될 것으로 규정하기 위해서 무엇이 먹어도 좋은 음식인가를 규정했다는 것이 된다.

더글러스의 상징질서이론은 자연의 혐오스러움에 바탕을 둔 것이 문화적으로도 부정하다는 사실 앞에 그 둘을 연계시킴으로써 발전한다. 그 자체로 혐오스럽다는 것은 주어진 상징체계라는 고유한 계급화의 질서에 복종하지 않기 때문이다. 다시 말해서 더럽다는 것은 분류질서를 교란시키고 섞어놓으며 뒤바꿔놓는 것이다.

더글러스의 이러한 이론이 탁월한 발상임에는 이의가 없으나, 무엇이 그러한 분류체계를 가능하게 하는가, 즉 분류법의 기준은 어디에서 나오는가에 관해서는 묻지도 대답해주지도 않는다는 점에서 그 한계를 드러내고 있다.

5) 환경 이론

돼지 혐오에는 그에 상응하는 어떤 적절한 환경적 조건들이 있었을 것이라는 이론이 환경 이론이다. 즉, 그 개념 속에는 자연 공동체와 문화 공동체에서 동물, 식물, 인간이 서로 공존해나가는 데 필수적으로 요구되는 과정이 내포되어 있어야 한다는 것이다. 마빈 해리스는 돼지 사육이 중동 지방의 기본적인 문화와 자연 생태계의 조화로운 통합을 깨트릴 수 있는 위협이 되었기 때문에 성서와 코란에서 돼지를 정죄(定罪)했다고 보았다(마빈 해리스, 1997a: 43~64; 1997b: 77~101).

농업과 목축이 혼합되어 전반적으로 복합체적인 경제형태 내에서 돼지고기를 먹지 말라는 신의 금지 명령은 완벽한 생태학적 전략이 되었다. 반(半)정착 취락 농경민들에게 돼지는 가치 있는 재산이라기보다 오히려 생존에 위협적인 존재가 될 뿐만 아니라, 유목 이스라엘인들은 그들의 척박한 거주지 내에서 돼지를 기를 엄두도 낼 수 없었다. 다시 말해서 반유목적, 반농경적 상황 안에서 돼지 사육은 그 어느 쪽으로부터도 환영받지 못했다.

기본적으로 지구상에서 목축을 위주로 하는 지역은 대개 강우(降雨)를 이용하여 농업을 하기에는 너무나 척박하고 관개도 쉽지 않으며, 숲이 없는 평원과 구릉으로 이루어져 있다. 따라서 이러한 지역에 적합한 가축은 소, 양, 염소 등이다. 이들은 모두 반추 동물로서 위(胃)의 상부에 전위(前胃)라는 것을 가지고 있어서 섬유소가 주성분인 풀, 나뭇잎 등을 다른 어떤 포유동물보다 훨씬 더 효과적으로 소화시킬 수 있다.

성서는 "짐승 중 무릇 굽이 갈라져 쪽발이 되고, 새김질하는 것은 너희가 먹어도 좋다"(레위기 11:1)라고 구분하는데, 이러한 규칙에는 더러운 습성이나 건강에 나쁜 고기에 관해서는 한마디도 언급되어 있지 않다. 그 대신 먹어도 좋은 동물의 특정한 해부학적, 생리적 특성에 주의를 기울이고 있다.

따라서 "되새김질과 갈라진 발굽"이라는 규칙은 먹기에 적당치 않다는 이유라기보다는 이스라엘인들이 가축을 사용한 방식의 결과로 보아야 옳을 것이다. 다시 말해서 되새김질을 하지 않거나 발굽이 갈라지지 않은 동물은 몸에 해롭기 때문에 먹는 것이 금지되었다기보다는 공동체의 생태적 환경이 그러한 동물들과 조화롭게 통합될 수 없었기 때문에 금지된 것으로 보아야 한다는 것이다.

되새김질하는 동물 가운데는 소, 양, 염소가 있다. 이 세 동물은 고대 중동 지역에서 음식을 제공하는 가장 중요한 동물이었다. 되새김질을 하는 동물은 풀이나 짚과 같은 거친 섬유질 먹이를 소화시키기에 신체구조가 가장 효과적이다. 그리고 섬유질을 소화시키는 반추 동물의 이러한 특출한 능력은 중동 지역의 인간과 가축 사이의 관계에서 결정적으로 중요했다. 또한 반추 동물은 인간이 먹어야 할 곡물을 나누어 먹지 않고도 고기와 젖을 생산할 수 있었다. 이들은 먹이를 놓고 인간과 경쟁하는 것이 아니라 오히려 분뇨를 비료로 제공하고 쟁기를 끌어서 농업 생산력을 높이며 젖은 물론 의복과 신발의 재료까지 제공한다.

그러나 돼지는 신체구조상 중동의 기후와 생태에 잘 견디지 못한다. 덥고 황량하고 태양이 내리쬐는 초원에서 살았던 소나 양, 염소의 조상과 달리 돼지의 조상은 물이 많고 그늘진 숲의 골짜기와 강둑에서 살았다. 그리고 돼지는 땀을 흘리지 못하기 때문에 체온 조절 능력이 없다. 이것이 진흙탕에서 뒹굴기를 좋아하는 이유이다. 열을 발산해야 하기 때문이다. 또한 돼지는 잡식 동물이지만 주로 섬유소 형성도가 낮은 나무 열매, 과일, 식물 뿌리, 특히 밀이나 옥수수, 감자, 콩 등 곡식을 먹기 때문에 식량을 두고 인간과 직접 경쟁할 수밖에 없다. 그리고 풀만 먹고는 살 수 없기 때문에 유목, 유랑민이 돼지를 많이 기르는 경우는 이 지구상 어디에도 없다. 돼지의 더 큰 약점은 실용할 수 있는 젖이 없고, 성격이 예민해서 똑바로 쟁기를 끌지도 못하며, 털로 옷감을 만들기에도 적당하지 않다는 것이다. 또 물이 부족한 사막에서 더위와 태양으로부터 보호하는 것이 어려울 뿐만 아니라,

위계질서가 없어 무리를 지어 이동할 수 있는 사회적 구조를 가지고 있지 않기 때문에 원거리를 몰고 다니기가 무척 힘들다.

산업화되지 못한 상황에서는 고기만을 위해 사육되는 동물은 일종의 사치품이며, 따라서 고기만을 목적으로 가축을 사육하지 않는다. 목축 및 농경 혼합경제체제의 고대 중동 지역의 사회에 적합한 가축들은 젖, 치즈, 피혁, 분뇨, 단백질 등을 공급하고, 쟁기 끌기 등 근본적인 가치까지 한 번에 이용할 수 있는 종류이어야 한다. 그런 점에서 고대 중동 지방에서는 돼지고기가 사치스러운 식품이 되는 것이다.

이러한 역사적, 생태적 경험은 돼지고기를 기피하는 전통이 정착하는 데 기여했을 것이다. 또, 근본적으로 돼지고기를 금지하게 된 결정적인 이유는 인구 증가와 무관하지 않을 것이다. 청동기 시대와 철기 시대를 거쳐오는 동안 갑작스럽게 증가한 인구는 산림의 황폐화를 가속화했을 것이며, 그것은 돼지 사육에 필요한 자연 조건에 치명적인 손실을 입히고 말았다. 인구밀도가 높아지면서 농지의 면적이 증가하고, 돼지의 음식인 너도밤나무와 도토리, 상수리가 있는 숲이 파괴되면서 생태학적 조건이 악화된 것이다.

이렇게 돼지를 키우는 것은 농업에 맞지 않다는 것이 아주 명백해졌으며, 이는 돼지의 지위가 낮아진 결정적인 이유를 잘 설명해준다. 원래 돼지를 기르는 것은 오직 고기를 얻기 위해서였는데 상황이 변하고 보니 —소나 양, 염소 등 다른 동물이 보다 유용해진 반면에— 비용과 이익 면에서 전혀 쓸모없게 되었을 뿐 아니라, 나아가 해롭고 혐오스런 동물이 돼버리고 만 것이다. 돼지고기 금기는 돼지 사육에 적합하지 않은 환경 속에서 매우 '올바른' 생태학적, 경제적 선택인 셈이다. 물론 돼지 사육에 불리한 생태적 환경이 돼지고기 금기를 낳았다손 치더라도, 금지된 또 다른 동물도 반드시 같은 조건하에서 금기가 된 것은 아니다. 그러나 오늘날까지도 돼지고기를 금지하는 지역은 돼지를 기르기에 적합한 지리적 풍토를 가지지 못했을 뿐만 아니라, 태양이 너무 강하고 건조하고 더워서 돼지를 기르기에 적합하지 않은 생태학적 변이 지역임을 알 수 있다.

이러한 생태학적·환경적 요인으로 인해 발생한 종교적 규정, 즉 금기는 사회적인 기능도 가지게 되었다. 다시 말해서 금기를 준수한다는 것은 특별한 공동체의 일원이라는 동질성을 느낄 수 있게 할 뿐 아니라, 이러한 식생활을 따르는 것이 개종의 표시이자 신앙심의 척도로도 작용한다. 어떤 사회에서 한 집단은 돼지고기를 먹지 않는 금기를 가지고 있고 다른 집단은 그렇지 않다면, 돼지고기 금기라는 관습을 가진 집단은 그렇지 않은 집단과 스스로를 구별함으로써 집단적인 자기 동일성을 강화하게 된다. 무슬림이나 유대인에게는 돼지가 인간의 지위를 위협하는 존재이지만, 돼지 숭배에 사로잡혀 있는 사람들에게는 돼지와의 사귐이 없이는 진정한 인간적 삶을 영위할 수가 없다. 그런 의미에서 돼지고기를 금기시하는 집단이나 돼지를 신성시하는 집단이 각각 공동체의 자기 의식을 강화해나가려는 목적을 가진다는 점에서 차이가 없다.

결론적으로 한 음식물이 한 사회에서 수용되거나 거부되는 것은 결코 단순하지 않다. 위에서 논의한 어떤 이론도 독립적으로 돼지고기 금기에 관해 완벽한 설명이 되지는 못한다. 그것은 하나의 원인이 곧 하나의 금기를 낳지 않는다는 증거다. 금기란 매우 복잡한 원인이 복잡한 방식으로 서로 얽혀 발생한다. 세월이 흐르면서 몇몇 조건들이 부분적으로 사라진다 해도 금기가 오랜 세월 살아남는 까닭이 여기에 있는 것이다. 특히 돼지고기가 유대인들에게 금기시된 까닭은 더욱 그렇다.

역사적으로 볼 때 육식보다는 채식을 선호했던 유대인들이 타 문화와의 접촉 과정에서 돼지고기를 먹게 되었으며, 그러한 변화는 엄격한 전통주의자들에게서 이방 문화에 동화되었다는 상징으로 여겨졌다. 돼지고기가 '더러움'의 상징어가 된 것이다. 특히 돼지고기는 팔레스타인의 생태학적 환경에서 볼 때 사육하기가 매우 어려웠을 뿐만 아니라, 그 때문에 매우 값이 비싸서 '타락한' 귀족들의 음식이 되었다. 분류학상 돼지가 비정상적인 동물이었다기보다는 돼지고기를 금지하려는 사람들에 의해 돼지는 '더러운' 동물로 분류된 것이다. 그리고 이는 공동체의 자기 정체성을 유지하고 강화하기 위한 하나의 방편이었던 것이다.

지금까지 논의한 그 어떤 이론도 성서의 음식 금기를 포괄하는 이론으로는 충분하지 않음을 알 수 있다. 레위기의 다양한 금지 조항들은 각각 독립적인 동기(separatistic motif)에 의해 형성되었다가 나중에 제사장의 법규에 통합되면서 어떤 원리에 따라 정리된 것으로 보아야 할 것이다.

4. 안식일 노동 금기

1) 안식일의 기원

성서의 달력이 고대 바빌로니아의 영향을 받고 있다는 사실 때문에 안식일(安息日)의 기원도 그곳에서 찾으려는 주장이 있다(Lotz, 1883; Morgenstern, 1966: 135~141). 즉, 고대 바빌로니아에서는 매달의 7일, 14일, 19일, 21일, 28일을 특별히 다른 날과 구별하여 이날에 왕은 고기나 불에 구운 음식을 먹지 않으며, 의복을 갈아입는 일, 혹은 마차를 타는 일 등을 금했다. 한편 사제들도 이날에는 신탁(oracle)이나 인체의 수술을 금했다. 그들이 부른 **샤바투**(sabattu) 역시 히브리어의 **샤바트**(sabbat)과 비슷하다. 그러나 이들에게 이날은 '불운의 날(evil days)'로 여겨지기 때문에 그 의미가 성서의 그것과 근본적으로 같지 않다.

한편, 성서의 안식일을 바빌로니아의 '월삭(月朔, New Moon)'과 같은 맥락에서 이해하는 주장이 있다. 성서 안에서도 여러 차례 '월삭과 안식일'이라는 관용구가 발견되고 있으나(호세아 8:5; 열왕기 하 4:23; 이사야 1:13; 66:23. cf. 애가 2:6),[9] 유대교 안에서 이미 이 두 날은 각각의

9) '월삭과 안식일'이라는 표현은 다른 여러 절기와 함께 사용되는 표현일 뿐이다. "월삭과 안식일과 대회"(이사야 1:13), "절기와 월삭과 안식일과 정한 절기"(에스겔 45:17; 호세아 2:13), "월삭과 안식일"(열왕기 하 4:23; 이사야 66:23; 아모스 8:5), "안식일과 월삭과 정한 절기"(역대기 상 23:31; 역대기하 2:4; 8:13; 31:3; 느헤미야 10:33; 에스겔 46:1; 3) 등의 다양한 표현이

종교적 의미가 독립되어 있음을 볼 수 있다.

안식일(sabbath)의 어원은 성서 안에서 비록 이날의 이름은 나오지 않는다 하더라도 창세기 1장 1절~2장 3절에서 살펴볼 수 있다. 하나님께서 6일 동안 천지와 그 가운데 만물을 창조하신 후 7일째 되는 날에 쉬셨다.[10] 출애굽기 20장 8~11절에서도 안식일을 하나님의 창조 행위와 관련하여 해석하고 있다(cf. 출애굽기 16:22).[11] 또, 창조는 성전을 짓는 것과도 관련되어 있다. 출애굽기 39장~40장은 창세기

사용되고 있는데 특히, 호세아 5장 7절에서는 월삭을 매우 부정적인 절기로 묘사하고 있으며, 이사야서에서는 부정적 표현(1:13~15)과 긍정적 표현(66:23)이 동시에 나와 당혹스럽게 하고 있다. 이사야의 활동 시기에는 절기와 예배가 매우 혼탁하게 시행되던 때였으므로 1장에서는 절기에 대한 이사야의 강한 비판이 나오나, 66장에서는 미래에는 예배가 완전해질 것이라는 예언으로 해석하고 있다(Smart, 1967: 291~292 참조).

10) 창세기 1장 1절~2장 3절의 삶의 정황(Sitz im Leben)은 성전 제의(Temple liturgy)와 관련되어 있다. 그리고 이 기사는 어떤 의미에서 구원의 기사이다. 하나님이 혼돈으로부터 완전한 질서의 세계를 창조하신 것은 하나님의 구원론적 활동을 상징한다. 아담과 짐승들 사이에 존재했던 평화와 조화와 엄청난 물질의 풍요함은 메시아 시대의 상징적인 예표로 이해할 수 있을 것이다. 특히 이러한 환경에서 하나님의 '쉼'은 종종 하나님께서 주시는 기업에서 인간들이 누리는 평화로운 삶을 표현해준다(신명기 12:9). 또, 안식일의 쉼과 사회의 모든 구성원들에게 허락된 자유와 면제와 해방은 메시아 구원의 가장 큰 상징으로 역할을 한다. 강요된 노동의 압력과 사회적 불평등에서의 해방은 안식일의 가장 중요한 사회·정치적 의미일 것이다.

11) 마이모니데스는 Ethical Will, Responsa II, 39b에서 이를 강조하고 있다.

1장 1절~2장 3절과 유형적으로 일치한다. 즉, 성전을 짓는 일의 완성은 곧 창조의 완성과 같은 맥락에서 이해되고 있는 것이다(Knohl, 1983: 109~146).

성전 제사는 안식일에 금지되어 있는데(출애굽기 35:3) 창조행위와 성전과 쉼이 함께 연결되어 있는 구조를 갖추고 있다고 볼 수 있다.[12)] 나아가 성전은 하나님의 승리와도 관련을 맺고 있다(시편 93). 결국 창조ㅡ성전ㅡ하나님의 승리ㅡ쉼은 하나의 구조로 묶여 있다.

한편, 신명기 5장 14~15절에서는 모든 종과 육축들도 쉬도록 명하면서 이집트에서의 종살이와 관련지어 인도적·사회학적 동기(humanitarian-sociological motive)에서 이날을 해석하고 있다.

> 제 칠일은 너의 하나님 여호와의 안식인즉 …… 네 소나 네 나귀나 …… 아무 일도 하지 말고 …… 안식하게 할지니라. 너는 기억하라. 네가 애굽 땅에서 종이 되었더니 너의 하나님 여호와가 …… 인도하여 내었나니 그러므로 …… 안식일을 지키라(observe the Sabbath day).[13)]

---

12) 고대 메소포타미아의 신화에서도 세계 창조는 성전과 관계되어 있다. <에누마 엘리시(Enuma Elish)>의 VI, 41f에 보면 세상을 창조한 후 마르둑(Marduk)이 그의 수행자들과 쉴 수 있도록 하기 위하여 이사길라(Esagilla) 성전을 짓는다. 구약 성서에서도 하나님의 '쉼'은 성전과 관계되어 있다. "여호와여 일어나사 주의 권능의 궤와 함께 평안한 곳으로 들어가소서"(시편 132:8)를 보면 알 수 있다. 이집트 문헌에도 같은 유형의 사상이 발견된다(Weinfeld, 1981: 501~512 참조).

여기서 우리는 이스라엘 백성이 "안식일을 거룩하게 지키기 위해서" 이들이 경험한 이집트에서의 길고 긴 노예 생활로부터의 해방이라는 출애굽 사건을 고역으로부터의 쉼을 얻는 안식일의 의미와 결합하여 역사화하고 있음을 볼 수 있다. 이러한 안식일의 역사화는 안식일을 세속화하게 될 위험이 있음에도 불구하고 안식일의 사회적인 면을 이스라엘의 구원과 연관시킴으로써 오히려 이스라엘 백성들이 순수하게 유지하려는 전통을 더욱 구체화하는 데 기여하고 있는 것이다.

다시 말해서 노예 신분으로부터 자유를 얻게 된 이스라엘 백성들의 안식일 준수는 결과적으로 일로부터의 휴식을 가져다주었을 뿐만 아니라 주인에게 묶여 사는 이들에게도 자유를 주도록 요청하고 있다. 안식일에는 주인과 종이 나란히 걸을 수 있으며, 이날만큼은 부자는 부자가 아니요, 가난한 자도 가난하지 않았다.

---

13) 출애굽기 20장 8~11절의 "안식일을 기억하라(remember the Sabbath day)"와 비교하라. 신명기에서는 출애굽의 기억이 안식일을 '지키는' 한 부분임을 강조하고 있는 데 비하여, 출애굽기에서는 이스라엘의 노예됨과 그로부터의 해방, 즉 출애굽의 구원을 회상하기 위하여 안식일을 '기억하는' 것이다. 즉, 노예로부터의 해방이 곧 계명으로서의 안식일을 기억해야 하는 이유인 것이다.

2) 구약 시대의 안식일[14)]

성전 멸망 이전, 특히 왕정 시대에는 안식일에 관한 언급이 매우 적다. 그 까닭은 유월절, 칠칠절, 초막절의 3대 절기에 비해 상대적으로 덜 중요하게 취급되었기 때문이다. 기원전 9~8세기 북이스라엘에서 안식일과 월삭에 일하는 모습이 지적되며(아모스 8:5), 호화롭게 즐기는 날로 지켜지고 있음을 책망했다(호세아 2:13). 아하시아 왕 때에는 이날을 왕실 경호대의 교대일로 정하여 지켜진 바 있었다(열왕기 하 11:4~8).

이러한 안식일에 대한 역사적 이해는 초기 왕정 시대부터 시작된 것으로 여겨지는데, 처음에는 단순히 사회적·인도적 입장에서 해석된 것으로써 예배나 제의와 거의 관련 없이 출발한 것으로 보인다. 오경에는 예배와 관련해서 안식일을 해석하는 구절이 거의 나타나지 않는다. 출애굽기에서 나오는 14회의 안식일에 관한 구절 역시 모두 '쉼'과 관련되어 있을 뿐 제의적인 요소는 발견되지 않는다(McKay, 1994: 15). 그러다가 안식일이 점차 왕권 및 제의(cf. 시편 92)와 관련하여 이해되기 시작하면서 안식일의 준수가 보다 종교적인 의미를 띄게 된 것으로 보인다. 특히 요시아 왕의 종교개혁은 안식일의 전통에 대한 새로운 관심을 보여주고 있어 주목을 끈다.

한편, 바빌로니아 포로 이후에는 안식일에 관한 언급이 더욱 많아

---

14) 이 부분은 시커-기젤러(Siker-Gieseler, 1981: 5~20)와 안드레아센(Andreasen, 1972), 드레슬러(Dressler, 1982: 22~41)를 참조.

지는데, 이스라엘 멸망의 직접적인 원인이 안식일을 범한 죄 때문이라는 완곡한 표현을 사용하고 있을 정도이다.

> …… 내가 내 안식일을 주어 그들과 나 사이에 표징을 삼았노라. 그러나 이스라엘 족속이 …… 패역하여 …… 나의 안식일을 크게 더럽혔으므로 …… 멸하리라 ……(에스겔 20:12ff).

또, 이스라엘의 구원과 회복의 기회는 안식일을 지켜 더럽히지 않게 되면 오게 되리라고 선포하고 있다(이사야 56:1~2, 4, 6; 58:13~14; 66:22~23). 특히 이사야 66장 22~23절에서는 새 하늘과 새 땅에서는 모든 혈육(이방인 포함)이 안식일에 하나님을 경배하게 될 것을 말하고 있다. 이제 안식일이야말로 이스라엘을 선택하신 하나님의 계약의 증거(a sign)가 된 셈이다.

포수기 이후 안식일을 이처럼 비중 있게 해석하고 있는 이유는 이스라엘 백성이 성전이 없는 이방 나라에 살면서 다른 명절을 지킨다는 것이 거의 불가능하게 되자 특별히 금지당하거나 제한받지 않는 안식일을 지켜나감으로써 그들의 신앙적 구심점을 잃지 않으려는 노력에서 기인한 것으로 해석된다. 귀향 후 가장 시급하게 회개하며 개혁을 통해 돌이킨 것 가운데 안식일이 포함되어 있음(느헤미야 9:14; 10:32; 13:15~22. cf. 예레미야 17:19~27)은 결코 우연이 아니다.

한편, 안식일의 개념이 7년마다 땅을 쉬게 하는 안식년(레위기 25:8), 그리고 완전한 해방을 선언하는 희년(이사야 27:13; 스가랴 9:9) 등의 의미로 확대 해석되면서 안식일의 '자유' 개념은 점차 크게 확장되어나갔다. 안식일의 인도주의적 요소는 안식년이나 희년의 메시아주의적·사회주의적 요소로 발전되어나갔다(출애굽기 21:2~6; 신명기 15:1~8; cf. 예레미야 34:8~22).

이러한 안식일의 사회적 관심과 주제는 안식일을 종교적인 준수의 차원에만 머무르게 하지 않고, 사회 내의 자유의 대리자로 간주할 정도로 확대 해석하게 되어 안식일이 모든 사회 정의의 척도로 작용하기에 이르렀다(이사야 58). 이러한 전통과 해석은 신약 시대의 예수의 안식일 개념(마태복음 12:1~14; 마가복음 2:23~3:6; 누가복음 6:1~11; 요한복음 9:13~17)과 크게 일치하여 주목을 받고 있다.

3) 제2차 성전 시대의 안식일[15]

이 시기(기원전 586~기원 70년)는 안식일이 더욱 제도화되기 시작하면서 종교적 엄격성이 더해지던 때이며 구체적인 규례도 첨가되기 시작한다.

마카비 시대에는 헬라의 안식일 폐지령으로 인하여 마카비 전쟁이 일어나기도했으며(마카비 상 2; 마카비 하 6; 고대사 14:4; 23:9), 거룩한 마따띠아의 사람들은 안디오커스의 군대가 "안식일을 골라" 공격해

---

15) 이 부분은 롤랜드(Rowland, 1982: 43~55)와 쿠보(Kubo, 1982: 57~69)를 참조.

오자[16] 안식일을 더럽힐 수 없어 저항하지 않고 무려 1,000명이나 학살당했다(마카비 상 2:31~38). 이 사건이 있은 후 마따띠아는 "우리를 공격하는 자가 있으면 안식일이라도 맞서서 싸우자. 그래야만 …… 몰살당하는 일이 없을 것이다"(마카비 상 2:40~41)라며 '생명을 구하기 위한 일'은 안식일에 수행해도 된다고 해석했다.

한편, 희년서(The Book of Jubilee)에는 안식일의 의미(2:17~24)와 안식일에 지켜야 할 법(2:25~33), 안식일에 속한 법령(50:1~13) 등을 싣고 있다. 안식일 계명은 하나님이 이스라엘 백성에게만 주셨으며, 선민의 징표이며, 이스라엘을 타 민족과 구분하는 징표로 여겨진다. 이날에는 거리를 걷는 것, 금식, 항해, 부부 생활 등이 엄격히 금지되어 있다.

이 시기에는 안식일의 규례에 관한 해석의 차이로 인하여 각 종파 간에 갈등이 일어나기도 했다. 이러한 맥락에서 신약 성서에 나오는 예수와 유대 지도자들 사이의 많은 갈등과 사건을 이해할 수 있다. 즉, 안식일이 사람을 위한 것이냐? 사람이 안식일을 위한 존재냐? 하는 논쟁은 안식일이 점차 규례화되면서 일어난 신학적 긴장(theological tensions)의 일부인 것이다(Lincoln, 1982: 197~220; McKay, 1994: 132~175).[17]

16) 디오 카시우스(Dio Cassius)에 의하면 로마의 폼페이 장군도 안식일에 예루살렘을 침공하여 그를 멸망시켰다. 또, 4세기경 사마리아의 바바 라바(Baba Rabbah)에 관한 이야기 가운데 유대인이 안식일에 회당에서 기도하는 사마리아인을 공격한 이야기가 전해지고 있는데, 이는 종파 간의 갈등과 서로 다른 안식일 해석을 반영하고 있는 증거라 하겠다(Cohen, 1981; Weiss, 1994: 252~273 참조).

쿰란 공동체의 경우, 안식일 준수를 매우 엄격하게 규정하고 있다(CD 10:17~12:6).

> 안식일에 어리석거나 하찮은 말을 하지 말라. 자기 이웃을 빚 문제로 궁지에 몰지 말며, 재산이나 이윤에 관해 평하지 말라. …… 집안에서 돌멩이나 흙을 집어들지 말라. 유모는 안식일에 갓난아이를 안고

---

17) 한편, 사마리아인의 안식일 역시 할라카적 요소가 강한데, 모세의 지위에 대한 마르카(Marqah)의 해석에 따르면 하나님께서 주신 7개의 중요한 요소 — 빛(불), 안식일, 그리심 산, 아담, 모세의 두 돌판, 위대한 예언자 모세, 이스라엘 — 가운데 안식일이 포함되어 있다(Memar Marqah II.10). 그런데 서로 다른 안식일 전통을 강조하고 있으며 이에 따른 갈등 역시 깊다. 나아가 필로(Philo)도 역시 알렉산드리아의 유대인의 안식일 준수와 이로 인한 갈등 사건을 기록하고 있는데, 이는 1세기의 유대인들이 이집트에서 어떻게 안식일을 지켰는가를 알 수 있는 중요한 자료이다(De somniis 2.5~109; 2.110~154). 이에 관한 연구로는 크래프트(Kraft, 1991: 131~141)를 참고하라. 신약 성서의 경우 '안식일'이라는 용어가 각각 마태복음에서 10번, 마가복음에서 11번, 누가복음에서 18번, 요한복음에서 11번, 사도행전에서 7번 나온다. 또 '회당'이라는 용어도 마태복음에 9번, 마가복음에 8번, 누가복음에 13번, 요한복음에 5번, 사도행전에 14번, 야고보서에 1번, 요한 계시록에서 2번씩 나온다. 그러나 바울 서신에서는 '안식일'이나 '회당' 등의 용어가 거의 나오지 않는다(cf. 골로새서 2:16; 히브리서 4:9). 바울의 기독교는 "회당"과 기독교 종파 간의 관계가 아닌 이방인 기독교 공동체 내의 차원에서 보았기 때문에 유대인의 안식일 문제는 그리 심각한 관심사가 아니었다(cf. 고린도전서 9:20~21).

> 들락날락하지 말라. …… 아무도 안식일에 가축의 출산 돕는 일을 하지 말라. 또한 우물이나 구덩이에 빠졌거든 안식일에 들어올리지 말라. 물 수조나 물탱크에 빠진 자가 누구일지라도 사다리나 끈이나 기구를 사용하여 들어올리지 말라. 아무도 안식일에 번제 외에 어떤 것도 제단에 바쳐서는 안 된다. …… 아무도 제단에 번제, 소제, 유향과 나무를 부정 가운데 하나라도 범한 사람을 통해 가져가도록 해서는 아니 된다. 그가 그렇게 함으로써 제단을 부정하게 만든다. 기록된 바, 악인의 제물은 역겨움이고, 의인의 기도는 기쁘게 받아들이시는 제물이네(잠언 15:8). 또한 기도처에 가는 사람은 누구나 씻지 않고 침례하지 않은 부정한 자로서 가서는 아니 된다. …… 아무도 성시에서 아내와 동침해서는 아니 된다. 그럴 경우 성시를 그들의 성적 부정으로 더럽히기 때문이다. 벨리알의 영들 지배 가운데 있고 어리석은 것을 말한 자는 누구나 …… 심판받는다. 또한 안식일과 축일을 범하도록 호도한 자 모두가 사형에 처해지는 것이 아니라, 사람들의 감시를 받게 된다. 그가 계속 어길 경우, 7년 동안 감시받은 후에 공동체로 되돌아간다.

랍비 문학(Rabbinic Literature)에서는 "만일 이스라엘이 안식일을 잘 지키면 메시아가 올 것이며, 안식일의 계명은 토라의 모든 계율과 동일하다"(R. 25:12)고 하여 그날의 중요성을 강조하고 있다. 역시 제2차 성전 멸망 이후의 변화를 느낄 수 있다(Safrai, 1987).

4) 안식일의 일과 쉼

전통적으로 이날에는 전깃불을 켜는 일, 자동차를 타는 일 등이 금지되며 랍비는 약 2,000큐빗을 걸을 수 있도록 규정하고 있는데 이는 이날에 두 번의 식사를 위하여 걸어야 할 최소한의 거리로 여겨졌다. 현대적인 행위에는 규례가 첨가되어 지켜진다. 그러면 무엇이 일이며 무엇이 휴식인가를 결정하는 기준은 무엇인가.

이것에 관한 유대교의 규정은 할라카(Halakah)에 나온다. 유대인의 구전전승(Oral Tradition)은 1세기에 이르러 미쉬나(Mishinah)로 기록되었으며, 그중에 법규정을 할라카라 부른다. 일반적으로 현자들(Sages)이 정의하는 금지된 '일(Melakhah)'이란 "내 안식일을 지키고 내 성소를 공경하라"(레위기 19:30)와 연관시켜서 성소와 관계된 것으로 해석하고 있다.

다시 말해서 모든 일은 (성소의) 건설과 관계된 것인데, 예를 들면 '글씨를 쓰는 행위'는 건설의 일부로 간주될 수 있기 때문에 안식일에 금지된 일로 규정하는 것이다. 랍비들은 할라카의 범주를 모두 39개 항목으로 나누어 기록하고 있다(Sabbath 7:2). 이 항목들은 빵을 굽는 일, 씨 뿌리는 일, 추수하는 일, 양을 치는 일, 눈물 흘리는 일, 바느질하는 일, 쓰고 지우는 일, 불을 지피는 일, 물건을 다른 장소로 옮기는 일 등으로 규정되어 있다. 히르쉬(Samson Rafael Hirsch, 1808~1888)[18]는

18) 19세기 독일에서 일어난 개혁 유대교 운동 당시 정통 유대교를 새롭게

일을 인간의 모든 창조 행위로 규정하면서 이를 하나님의 창조행위를 거역하는 파괴적인 것으로 보았다.19)

한편, 바빌론 탈무드에 의하면 '인간의 생명을 보호하는 일'은 허락된다(BK 82a, Ket. 62b). 이는 그것이 '쉼'이란 개념과 같은 맥락에서 이해되기 때문인데, '쉼'이란 정치적 쉼을 포함할 뿐만 아니라(신명기 12:9; 25:19; 이사야 14:3; 사무엘 하 7:1; 역대기 하 6:41; 시편 132:8, 13, 14; 이사야 66:1), 인간과 자연 사이의 평화와 조화의 상태를 의미한다(cf. 이사야 11:6; 65:25; 호세아 2:20). 이러한 사상은 메시아의 구원(Messianic Redemption)과 관련된 해석으로 발전하게 된다(Bacchiocchi, 1986: 153~176). 다시 말하면 성서적 의미에서의 쉼이란 곧 해방을 의미하고, 이는 곧 메시아적 구원에 대한 상징적 표현이 되며, 나아가 정치적 회복 및 영적 구원과 밀접하게 관련되어 있는 것이다.

유대사상에서의 안식일은 영적 휴식의 날이었다. 알렉산드리아의 필로(Philo, II Mos. 216)와 요세푸스(Josephus, Apion, 2:175)는 이날을 율

갱신한 랍비로서, 전통적 유대교를 현대적 상황에 접목시킨 대표적 인물이다. 그의 작품으로는 『Judaism Eternal』, 『19 Letters of Ben Uzziel』, 『Commentary on the Pentateuch』, 『Commentary on Psalms』, 『Horeb』 등이 있다.

19) 물론 예외 규정이 있어 생명이 위급한 환자의 경우(Mishinah Torah Hilkhot Shabbat, 1)나 이방인은 일을 할 수 있었다. 아가다(Aggadah)에는 "한 사람의 생명을 살리는 사람은 곧 모든 세계를 구원하는 것과 같은 것이며, 한 사람의 생명을 파괴하는 것은 곧 전 세계를 잃는 것과 같다"라 하여 생명을 살리는 일은 일로 규정하지 않았다. 이 글귀는 최근 스필버그 감독이 만든 영화 <쉰들러 리스트(Schindler's Lists)>의 마지막 문구이기도 했다.

법을 공적으로 실천하는 날로 보았다. 또, 필로(Philo, Decal. 96)는 이날을 "제7일에 쉬신 창조주를 닮을 수 있는 인간의 기회"로 해석하고 있다.

이날의 인사는 "샤밧 샬롬(Sabbatt shalom)"인데, 이 뜻은 '안식일의 평화가 (함께하세요)'이다. 결국 이날은 하나님께서 인간에게 주신 선물이며 인간과 세계가 쉼을 얻는 날이다(cf. 히브리서 4:9). 2,000년 동안 방황하던 이스라엘 백성들은 흔들리지 않는 신앙적 지주로서 "안식일을 지키는 한 망하지 않는다"라고 믿어오고 있는 것이다.

결론적으로 안식일은 유대인의 가장 오래된 절기이며 일상적인 생활에서도 중요한 역할을 담당해왔다. 유대교는 공간보다는 시간을 중요시했다. 그들은 삶의 거처를 시간에 담고 살아왔다고 할 수 있다. 다시 말해서 유대인들은 2,000년 동안 떠돌아다니면서도 그들이 유지하고 지켜온 신앙의 표현 방법으로 절기와 달력의 리듬을 존중해온 것이다. 이는 그들이 공간보다는 시간을 더 중요하게 취급했다는 증거이다. 시간은 공간을 잃어도 잃지 않는 부분이기 때문이다.

그러나 여기에 머무르지 않고 그들은 시간의 사슬로부터 자유로워지는 안식일을 얻었다. 이 시간은 일하지 않는 시간이며, 방해가 없는 시간이기 때문에 시간이 없는 시간이다. 그러므로 성서의 안식일은 시간을 넘어서는 인간의 승리를 상징한다. 여기에는 필수적으로 모든 노동으로부터의 해방을 전제하며 노동 금지가 자리하는 곳이다.

5. 금기의 성격과 사회적 기능

이상의 논의에서 볼 때, 레비스트로스(Claude Levi-strauss)의 구조인류학에서처럼 좀 더 중요한 것은 금기가 아주 방대하고 복잡한 구조를 이루고 있다는 사실이다. 특히 음식물 금기는 대상 동식물의 내재성이 아니라, 하나 혹은 그 이상의 체계 속에서 점유하고 있는 사회적 지위·위치 때문에 일어난다. 금기는 '자연적(natural)'인 것—자연적인 것이란 '생각하기 좋은 것'이지 반드시 '먹기 좋은 것'은 아니다—과 '문화적(cultural)'인 것—'먹기 좋은 것'이 반드시 '잡기 좋은 것'은 아니다—의 사이에서 그 실체가 명확히 드러난다. 금기가 어느 사회나 획일적으로 분포된 경우가 매우 드물다는 사실이 이를 잘 뒷받침해준다. 자연적 조건과 사회적 조건은 한쪽 질서에서 어떤 구분을 선택하면, 다른 쪽 질서에서도 그에 대응하는 구분이 채택된다. 결국 먹어도 되는 동물과 금지된 동물의 구분은 금지된 동물을 해로운 것으로 간주하는 생물학적 특성이나 신비성에서 기인하는 것이 아니라, 동물을 '강조된 종'과 '강조되지 않은 종'으로 구분하려는 사회적 배려에서 온 것이라 할 수 있다.

자연조건이란 인간의 생활 양식과 기술적 능력의 작용이기 때문에 인간은 그것을 규정지으며 특정한 방향으로 이용함으로써 그것에 의미를 부여한다. 따라서 자연은 그 자체로 모순된 것이 아니다. 거기에 가해지는 특정한 인간 활동과의 관계 속에서 비로소 모순이 생긴다. 또 어떤 환경이 가지는 특성이란 그 주민의 활동이 어떠한 역사적, 기술적 형태를 취하느냐에 따라 서로 다른 의미를 갖게 된다. 결국 동식물에 관한 지식은 그 유용성에 따라 정해지는 것이 아니라, 우선 지식이 있기 때문에 비로소 유용하거나 흥미롭다고 간주되는 것이다. 그런 점에서 **주술(呪術)은 과학의 은유적 표현**이다. 따라서 주술과 과학을 대립시키지 말고, 양자를 두 가지가 병행하는 지식 습득의 필연적 양식으로 받아들이는 것이 옳을 것이다. 과학은 지각이나 상상력의 차원에 시선을 집중시키는 환유적(metonymique)인 것이고, 주술은 그것으로부터 벗어나는 데에 목적을 두는 은유적(metaphorique)인 것이다. 레비스트로스의 언급대로, 종교가 "자연법칙의 인간화"라면 주술은 "인간 행동의 자연화"라 말할 수 있다. 따라서 주술 없는 종교도 없고, 최소한 종교적 흔적이 없는 주술도 없다.

또 한편, 인간과 자연 환경의 관계는 환경이 인간적인 수준으로 높아지면서 비로소 이해할 수 있게 되는데, 그 관계는 여전히 사고의 대상으로 남는다. 인간은 그 대상을 결코 수동적으로 파악하지 않으며, 그것을 개념화한 후 다시 골고루 혼합하여 하나의 체계를 만들어낸다. 그 체계는 미리 정해진 것이 아니며 상황이 같다고 하더라도 체계화될 수 있는 방식은 여러 가지이다. 그런 의미에서 신화란 자연 현상을 설명하고자 하는 사실(자연적 사실이 아닌 하나의 논리체계)을 위한 하나의 수단일 뿐이다. 기원론이 결코 아니다. 이런 맥락에서 금기는 다음과 같은 몇 가지 성격과 사회적 기능을 가진다.

1) 금기의 성격[20]

제의적 금기는 신앙과 관련된 행동, 즉 '실천적인 힘'을 지배한다. 나아가 특정한 제의적 금기는 특정한 계층의 제의적 지위와 행동을 지배한다. 제사장 계급은 시체를 만질 수 없다는 등 '백성의 어른'인 제사장에 관한 금기(레위기 21)는 제사장 계급의 지위와 행동을 엄격하게 통제하며, 그렇게 함으로써 신성한 힘으로서의 권력·직권 남용을 막을 수 있다.

종교적인 것과 관련된 금기는 죄와 징벌의 문제와 관련이 되며, 비종교적인 금기는 불운과 행운과 관련된다. 예를 들어, 영국에서는 식탁에서 소금을 쏟는 일이 불운을 가져다주는데 어깨 위를 꼬집어 줌으로써 불운을 피할 수 있다고 한다(어깨를 꼬집는 것은 식탁에서 주의하지 않는 어린이들의 경솔한 행동을 꾸짖는 방법이기도 하다. 그러나 그것은 단순한 책망이 아니라 주술적 의미로 확장되어 그 효과를 극대화한다. 이와 비슷한 우리나라의 풍습으로는 오줌싸개 어린이가 채를 머리에 쓰고 이웃집을 돌며 소금을 받아오는 것이 있다. 여기서 금기는 매우 현학적이며 은유적임을 알 수 있다). 그러나 엄밀한 의미에서 죄가 되는 금기와 불운을 가져다주는 금기를 구별하는 것은 쉽지 않다. 뒤르켕은 성(聖)과 속(俗)의 이분법적 구분과 집합표상(représentation collective)의 개념에 기초하여 종교적인 제의와 주술적인 제의를 분류하려고 시도했으며,

---

20) 이 부분은 래드클리프 - 브라운(Radcliffe - Brown, 1939)을 참고하라.

말리노브스키(Bronislaw K. Malinowski)나 프레이저 역시 이론적으로 둘 사이의 구별을 시도했다. 간단히 말해서 소금을 쏟는 일은 주술적인 것에 해당되며, 성금요일에 고기를 먹지 않는 것은 종교적인 행위이라고 생각했다. 그러나 주술과 종교를 구별한다는 것은 매우 복잡한 일이며 단순한 양분(dichotomy)이 사실상 어렵다.

신성한 것(성전 등)과 부정한 것(시체 등) 사이의 구별 역시 불분명하다. 폴리네시아 추장은 성전이 거룩하다거나 시체가 부정하다는 생각을 하지 않았다. 래드클리프 - 브라운은 '제의적 가치(ritual value)'라는 용어를 처음으로 사용하면서 제의적 가치가 있다고 생각하는 것(사람, 물건, 장소, 이름 등)에 금기가 발생한다고 했다. 문화적 차이에 따라 제의적 가치에는 큰 차이가 있다. '가치'란 항상 주체와 객체 사이의 관계를 지칭한다. 관계란 객체(목적어)가 주체(주어)에 가치를 주거나, 주체가 객체에 관심을 가질 때 성립한다. 사회제도도 역시 하나의 가치체계로서 이해될 수 있다. 개인적 관심이 사회적 관심이 되는 까닭은 비슷한 관심을 가진 다수의 구성원에 의해서 가능하다. 따라서 어떤 특정한 사회는 특정한 가치단위(도덕적, 심미적, 경제적 등)에 의해 규정된다. 한 사회의 구성원이 어떤 제의적 가치에 대해 동의한다면 이는 곧 사회적 가치가 된다.

제의적 가치와 사회적 가치의 관계는 무엇인가? 제의 연구는 제의 행위를 설명하는 데 그 목적을 두어서는 안 된다. 제의 연구의 목적은 제의의 목적이나 원인(을 역사적으로 밝히는 것)에 있는 것이 아니라 제의의 의미에 두어야 한다. 의미를 갖는 어떤 것은 상징적이며, 의미는 상징으로 표현되는 그 무엇이다. 왜냐하면 그것이 관계하는 사회적 가치 때문이다.

구조주의자들에게 '제의적'이라는 말과 '상징적'이라는 말을 구별하는 것은 의미가 없다. '제의적'이란 곧 '상징적'이다. 또한, 상징주의는 반드시 제도 내의 상호 관계 속에서 설명되어야 하는데, 곧 "모든 관습의 부분은 전체와의 관계 속에서 보아야만 한다는 것이다. 부분을 전체와의 관계에서 보지 않는 것은 곧 알파벳을 따로따로 떼서 보는 것처럼 의미가 없는 것이 된다"(Leach, 1976: 95). 따라서 제의 연구는 제의의 효과를 고려해야 한다.

제의적 효과는 즉각 사회적 효과로 나타난다. 제의의 사회적 효과를 고려함으로써 사회적 기능을 발견하게 된다. 우리는 이를 '기능인류학(functional anthropology)'이라 부른다. 예를 들어, 비가 오지 않을 때 드리는 기우제(祈雨祭)는 실제로 비를 가져다주지는 않는다. 그렇지만 그 제의는 매우 '상징적'인 것으로서 어떤 (심리적) '작용'을 하게 하며, 그 작용은 곧 '의미'를 갖게 한다. 그래서 모든 제의는 그것과 관련된 신화(神話)를 갖는다. 여기서 우리는 같은 방식으로 신화의 의미를 발견하게 된다.

상징으로서의 제의가 지닌 사회적 기능을 찾는 작업은 곧 그 사회의 구조를 밝히는 것과 연관된다. 다시 말해서 한 사회의 구조는 신화와 제의로 표현된 상징이 갖고 있는 영향과 효과를 밝힘으로써 밝혀질 수 있다. 그런 의미에서 상징적 표현으로서의 제의 연구와 제의의 사회적 기능 연구는 별개의 것이 아니다. 제의의 으뜸가는 기본은 중요한 공동 관심사의 대상들에 대한 제의적 가치를 귀속(歸屬)시키고, 공동체의 일원을 그것과 함께 연결·계사(繫辭)시키거나 그런 대상들을 상징적으로 표현해주는 데 있다.

프레이저는 『프시케의 과업(Psyche's Task)』에서 금기가 어떻게 복잡한 사회 조직을 세우는 데 기여·공헌하는가를 잘 보여주고 있다. 제의는 상징적 행위를 합리화해준다. 따라서 금기가 여전히 한 사회를 지탱시켜주는 힘을 가지고 작용하는 한, 그 사회에서 금기는 계속 존재할 것이다. 그러나 금기가 더 이상 사회에 영향을 주지 못하면 금기는 그 사회에서 사라지게 될 것이다. 오히려 반대로 사회가 더 이상 금기의 힘을 믿지 않게 되면, 금기는 그 힘을 잃고 사라진다.

2) 금기의 사회적 기능

금기는 아주 다른 두 개의 사회적 기능을 가진다. 첫째, 개인이나 집단의 죄를 분류하고 확인시켜주며, 개인이나 사회가 처한 불안정하고 위험한 상황에서 특정한 행동을 제한함으로써 위험에 처한 그들을 방어하고 보호하는 기능을 담당한다. 즉, 금기는 집단의 행동 양식과 마찬가지로 '적군과 아군'이 누구인지 구별하게 해주며, 위험·폭력을 제도적으로 국한(局限)시키는 일종의 '울타리' 기능을 수행한다. 즉, 사회적 충돌을 줄여주는 것이다. 르네 지라르(Rene Girard)는 금기의 이러한 기능을 다음과 같이 말한다.

> 금기는 지극히 중요한 기능을 갖고 있다. 그것은 본질적인 기능에 절대로 없어서는 안 되는 비폭력의 보호지대를 인간 공동체의 중심에 확보해준다(르네 지라르, 1993).

둘째, 본질적으로 금기는 사회 통합의 기능을 수행한다. 즉, 금기가 제의적 기능을 가지고 있다는 것은 사회적 복종의 메커니즘과 그 성격이 매우 닮았다는 것을 의미하는데, 이는 제의적 기능을 수행하는 금기가 사회적 일체감(때로는 복종)을 형성하는 데 중요한 작용을 한다는 것을 의미한다(Gluckman, 1962).[21]

금기는 항상 다른 사람에 대립하는 인간으로서 영속적인 동일성을 개인적으로 의식하도록 유지해준다. 즉, 정체성을 보호한다. 정체성은 외부와 내부의 교차점으로, 협상의 산물이며 끝없는 과정이자 계속 진행 중인 균형 능력이다. 아울러 금기는 자기가 속한 사회에서 필수적으로 통용되는 도덕적 명령으로 여겨진다. 금기와 도덕의 성장 사이에 친숙한 관계는 도덕적 감정이 금기의 원시적 체계 속에 뿌리를 두고 있기 때문에 성립된다. 따라서 금기의 명령은 가정적(假定的)인 것이 아니라 단언적(斷言的)이다. 금기는 도덕법의 창조자가 아니지만

---

21) 맨체스터대학 글럭먼의 제자인 빅터 터너(V. Turner)는 제의의 사회 통합적 기능에 관심을 가지면서, 제의가 공동체의 통합을 이룰 뿐만 아니라 한 사회의 가치와 신앙, 정서까지도 후손에게 저장하고 전달하는 기능을 담당한다고 보았다. 여기서 상징(symbols)이 바로 중요한 매개 수단이 된다(Turner, 1969).

종종 자연적인 도덕과 합체(合體)하여 인간의 도덕적 생활을 구속·제약한다. 금기가 도덕의 수호자는 아니지만 도덕법의 일부가 그 자체로 표현하는 일시적인 형식이다. 사회의 실질적인 도덕적 힘은 함축적인 도덕적 이상이 끊임없이 합리화하려고 시도하는 곳이나 혹은 경험적으로 불합리하다고 관찰되는 금기의 법규를 거부하는 사회적 관계 속에서 작용한다.[22] 금기는 개인의 의지가 사회의 명령에 의해 가려질 때 사회 통제의 대행자가 된다.

그런 의미에서 사회적 금기는 한 사회 집단의 공통적인 생활이나 사고, 또는 행동 양식(folkways)의 한 영역과 유사하다. 동일한 습관이 사회 집단 내에서 상대적으로 동질성을 드러내주듯이, 금기는 개인으

22) 여기서 합리적인 터부와 불합리한 터부가 따로 존재한다기보다는 합리적으로 이해되는 터부와 불합리하다고 경험되는 터부가 존재할 뿐이다. 어떤 금기가 합리적이냐 아니냐 하는 것은 상대적이기 때문이다. 여기서 합리적이라고 이해되는 금기의 경우 그렇지 않은 것보다 생존력이 더 강한 것은 당연하지만, 그것이 불합리하다고 경험되면 모두 사라진다는 것은 아니다. 비록 불합리한 금기로 인식되는 것이라 하더라도 사회적 인식이 고정되거나 고착됨으로써 문화적으로 강력한 기능을 수행하는 금기가 있을 수 있기 때문이다. 예를 들어 오른손잡이가 왼손잡이보다 우월하다고 믿는 것은 결코 합리적이지 않지만 여전히 사회적·문화적 '편견(偏見)'으로 남아 있는 까닭은 이미 오른손잡이가 우월하다는 인식이 사회의 지배적인 이데올로기로 고정되어버렸기 때문이다. '월경' 중인 여성을 금기시한 것도 같은 맥락에서 이해할 수 있을 것이다. 불합리하지만 여전히 살아남아서 작용하는 금기나 관습은 얼마든지 살펴볼 수 있다.

로 하여금 책임 있는 집단의 일원임을 확인시켜준다. 금기는 법규의 비공식적인 일부로서, 때로는 공적인 법률보다 더 강력하게 사람들의 행동양식을 구체적으로 조정하는 힘을 지닌다. 그런 점에서 금기는 그것이 이치에 닿든 못 닿든지 간에, 의식하든 못하든지 간에 강력한 사회적 현실이다(Rosen, 1972: 175~180 참조).

금기를 ―다른 사회적인 규범들과 마찬가지로― 생산하는 주체는 역시 지도층이다. 예를 들어 이스라엘의 사울 왕이 블레셋과의 전쟁이 매우 급박하게 돌아가자 백성들에게 "내가 내 원수를 갚을 때까지 아무 식물이든지 먹는 사람은 저주를 받을지어다"라고 선언한다(사무엘 상 14:24). 일반인들은 그것이 자신들에게 유익을 주는 가치 있는 것으로 받아들여서 그 금기는 지켜진다. 그러나 불합리한 금기는 오래가지 못한다. 왜냐하면 여론이 이에 저항하기 때문이다. 공동체는 무엇이 좋은 것이고 잘못된 것인지 판단하여 지지하기도 하고 거부하기도 한다. 금기는 궁극적으로 시민 사회의 재가(裁可)를 얻어 법이 된다. 그런데 단순히 시민 사회의 재가만으로는 불충분하기도 하다. 그래서 사회는 초자연적인 재가를 찾아낸다. 왕이 사제의 신탁에 의존하는 까닭이 여기에 있다.

또, 사회 통제에 대한 미신적 두려움의 직접적인 인식은 재산에 대한 금기의 관계에서 비롯된다. 금기시된 물건은 기피되고 그럼으로써 신성한 것으로 남을 수 있는 것처럼, 재산에 대한 필수적인 안전은 초월적인 힘에 의해 수호됨으로써 향유된다. 마오리 족에서는 금기를 위반한 자는 신 또는 사람에 의해 징벌을 받는데 신으로부터는 질병과 죽음을, 사람으로부터는 죽음에 처해지거나 재산을 잃거나 속한 사회로부터 추방된다.

금기가 비록 개인적인 곳에 머무른다 하더라도 금기가 깨지면 그 결과는 집단 전체에 영향을 미치게 되기 때문에 개인과 사회와의 관계는 매우 밀접하게 관련되어 작용한다. 금기를 위반함으로써 공동체의 질서를 파괴하는 행위에 대해서는 예외 없이 가차 없는 형벌이 가해지며, 그 형벌은 법과 도덕의 통제기능보다 훨씬 더 강력한 초월적 힘으로 가해지기 때문에 그 사회적 효과가 크게 나타난다. 이스라엘이 여리고를 정복할 때 유다 사람 아간이 전리품을 일부 훔쳐 취한 사건이 발생했는데, 그때 여호수아는 "이스라엘 모든 사람"과 더불어 그를 돌로 쳐 사형에 처했다(여호수아 7). 종종 한 사람의 잘못이 집단 전체에 끼칠 수 있는 위험을 차단하기 위해 —마치 암 환자를 구하기 위해서 암세포는 물론 주변 세포까지 수술해서 떼어버리듯이— 오염의 위험까지 제거하기도 한다(민수기 16:22, cf. 사사기 17:1~5; 로마서 5:12).

기본적으로 금기가 깨지지 않고 유지되는 사회는 그 사회구조와 연결된 영적 힘을 인정하는 사회, 즉 법을 집행하는 자들의 힘과 권위를 인정하는 사회구조와 그러한 지위에 있는 자들의 통제와 명백하게 인식되어 외적으로 인정된 영적인 힘에 의해 축복하거나 저주할 수 있는 힘을 믿는 사회다. 그러한 권위의 소재를 명시적으로 인식하는 사회체제에서는 사람들을 애매모호하고 위험한 지경과 증명되지 않은 힘, 즉 마술이나 미신에 현혹되어 머뭇거리지 못하도록 함으로써 통제를 강화한다. 사회체계가 잘 정리된 곳에서는 명확한 권력이 권위의 소재지에 제대로 부여되어 있는 반면, 사회체계가 잘 정리되지 않은 곳에서는 명확하지 않은 권력이 무질서의 원천이 되는 사람에게 주어져 있다. 다시 말하자면, 사회의 질서 구조는 그것을 유지하는 원시적 힘에 달려 있게 된다(Leach, 1961; Douglas, 1966: 95~114).

성서에서 언급하고 있는 거룩, 죄, 정결 등의 개념은 다소 원시사회의 금기의 개념과 관련되어 있다. 즉, 기본적으로 '두려움' 또는 '죄책감'과 연관되어 있다. 죄책감은 양가감정으로 말미암은 갈등의 표현으로, 욕망에 복종하여 인간을 긴밀한 집단으로 통합하려 하기 때문에 죄책감을 강화함으로써 집단 형성이라는 목적을 달성한다. 이것은 합리적인 근거에서 비롯되지 않은 실체 없는 환상처럼 보일지라도 매우 실용적인 결과로부터 채택된 것들이다. 이스라엘 백성들은 주변 국가에서 많은 영향을 받았음에도 불구하고, 스스로를 '거룩한 백성'이라 하여 다른 민족들과 구별함으로써 공동체의 동일성을 유지하는 독특한 규례와 법도를 더욱 단단히 만들어갔다. 특히 멸망 이후 이방 세계에서 이교도들과의 치열한 싸움 속에 살면서 이것의 필요성을 절실히 요청받았으며, 그런 사회적 여건이 체계화된 하나의 질서를 갖게 했다. 구별 체계의 근간은 당연히 유일신 신앙이다.

> 너희는 나의 모든 규례와 법도를 지켜 행하라. 그리하여야 내가 너희를 인도하여 거하게 하는 땅이 너희를 토하지 아니하리라. 너희는 내가 너희 앞에서 쫓아내는 족속의 풍속을 좇지 말라. 그들이 이 모든 일을 행하므로 내가 그들을 가증히(혐오스럽게) 여기노라.

> 내가 전에 너희에게 이르기를 너희가 그들의 땅을 기업으로 얻을 것이라. 내가 그 땅 곧 젖과 꿀이 흐르는 땅으로 너희에게 주어 유업을 삼게 하리라 하였노라. 나는 너희를 만민 중에서 구별한 너희 하나님 여호와라. 너희는 짐승의 정하고 부정함과 새의 정하고 부정함을 구별하고 내가 너희를 위하여 부정한 것으로 구별한 짐승이나 새나 땅에 기는 곤충으로 인하여 너희 몸을 더럽히지 말라. 너희는 내게 거룩할지어다. 이는 나 여호와가 거룩하고 내가 또 너희로 나의 소유를 삼으려고 너희를 만민 중에서 구별하였음이니라(레위기 20:22~27).

3) 금기의 법규범화 과정

금기가 어떻게 법규범으로 전환되는가를 밝히는 것은 매우 어렵고 간단하지 않다. 그것은 전통과 관습이 어떻게 현대 사회의 법과 규범에 조화를 이룰 수 있는가라는 문제와 직결되기 때문이다. 어느 사회나 전통과 변화 사이의 갈등은 존재하게 마련이며, 그 과정에서 전통적인 가치관이 변화하는 사회에 얼마만큼 남아서 작용하는가 하는 것은 다르다.

개혁이나 혁명 같은 혁신적인 과정을 통해 완전히 전통 문화를 단절하여 새로운 사회 질서를 따르는 나라가 있는가 하면, 개혁과 변화에 둔감하여 여전히 전통적인 가치 규범을 유지하며 살아가는 사회도 존재한다. 어떤 사회가 보다 좋은 사회인지를 규정하는 기준은 그런 의미에서 존재하지 않는다 해도 지나친 말은 아닐 것이다. 다만 그 사회의 안정성이 무엇으로 유지되는가 하는 문제일 따름이다.

예컨대 현대 이스라엘의 경우, 영국 위임통치시대부터 안식일을 유대인 공식 공휴일로 지정하는 법의 제정을 요구하는 결의안을 유대인 기구 집행위원회를 통해 제출한 바 있으며, 독립 당시 안식일을 법제화하여 안식일을 국가 공휴일로 제정했다. 당시 유대인 지도자들은 안식일을 공휴일로 지정하는 것이 유대민족의 '종교적 전통'을 지키면서 '노동자들의 사회 복지'라는 그들의 사회주의적 이념을 동시에 구현시키는 것이기 때문에 그 중요성을 강조했다. 전통(금기)과 법(규범화)이 조화롭게 작동한 경우라 볼 수 있다.

하지만 돼지고기 금기의 경우 종교적 전통(금기)과 현대 유대인들의 사회적 변화에 따른 개방 요구가 심각하게 충돌하는 대표적인 사례라고 할 수 있을 것이다. 구약 성서는 "너희는 이 고기를 먹지 말고, 그 주검도 만지지 말라. 이것들은 너희에게 부정하니라"(레위기 11:11, 24)이라 하여 유대인의 돼지고기 식사를 철저히 배척해왔다. 돼지고기를 금지하게 된 연유가 무엇이든지 간에[23] 유대인에게 돼지란 곧 '혐오'의 대명사였다. 그러나 1990년대 이후 러시아 이민자들의 대규모 이스라엘 유입과 시민들의 다양한 요구로 인해 돼지고기를 판매하는 정육점이 늘어나고 돼지고기 선호도가 급속도로 높아졌다. 이러한 시점에 다양한 법적 논쟁이 이어졌고, 드디어 2004년 이스라엘 대법

23) 이 문제에 관해서는 최창모(2003: 59~81)를 참조할 것.

원은 돼지고기 판매를 허락하는 판결을 내리면서 오랜 전통으로서의 돼지고기 금기가 깨지고 법으로 금지해오던 틀까지 깨지기 시작한 것이다.

제2장

유대인의 금기의 법규범화

최영철 | 서울장신대학교

1. 들어가는 말

이스라엘에서는 유대교의 대표적인 금기인 음식법과 안식일 휴무에 관련된 사안을 국가에서 실정법으로 규제하고 있다. 이 장에서는 이러한 유대교 금기의 입법 과정과 사법부의 개입을 고찰할 것이다.

우리는 먼저 유대교의 음식과 안식일 금기가 국가에 의해 실정법으로 규범화되는 과정을 살펴볼 것이다. 이스라엘이라는 국가가 유대교의 주요 금기를 어떻게 해석하여 규범화·제도화하고 있는가? 이러한 금기에 대한 국가의 강제 규범은 역사적으로 어떻게 변화해왔는가? 금기의 법규범화와 강제 수준은 어느 정도인가? 법규범화 과정에서 주도적인 역할을 하고 있는 행위자는 누구인가? 이러한 문제에 대해서 집중적으로 다룰 것이다. 또한 국가 차원에서 실정법으로 규범화된 금기가 실제로 개인들이 어떻게 받아들이고 있는지도 살펴보고자 한다.

현대 이스라엘의 음식법 금기, 특히 돼지고기 금기와 안식일 금기에 대한 구체적인 연구는 매우 희소하다. 국가의 종교적 금기의 강제와 관련된 사회학적 연구는 최근에 일부 사회학자가 수행했을 뿐이다(Artsieli, 2004; Elazar, 1992; 1996a; 1997; Levy, 1993; Liebman and Katz, 1997; Peres, 1992). 여기서 히브리 대학교의 쉴로미트 레비(Shlomit Levy) 교수 팀이 이스라엘 국민을 대상으로 유대인의 종교성과 음식법, 안식일 등 유대교 금기 준수에 관련된 설문조사를 실시하여 발표한 논문은 종교공동체 수준 또는 국가 차원에서 규범화된 금기가 실제로 어떻게 개인들이 받아들이는지를 살펴보는 데 도움이 된다(Levy, Levinsohn and Katz, 2002).

유대교의 음식 및 안식일 금기에 대한 법규범화는 영국 위임통치시대 유대민족 지도자들에 의해 시도되었으나, 국가가 직접 개입하는 법규범화는 1948년 이스라엘의 독립 이후에 진행되었다. 이스라엘에서는 그동안 다양한 유대교 종파 간의 이합집산 과정에서, 그리고 아시아·아프리카 출신인 세파라딤(Sephardim) 유대인들의 정체성 확립 차원에서 이러한 종교적 금기의 준수가 자발적으로 강화되기도 했다. 1980년대 후반부터 이스라엘 정계에 세파라딤 극보수 정통파 유대종교정당인 샤스(Shas)가 급격하게 부상한 것이 대표적인 사례이다. 1950년대 건국 초기에는 종교 정당의 주도와 노동당 등 세속적 정당이 유대민족의 민족국가로서 종교적·민족적 정체성 확립과 노동자의 권익 보호 차원에서 돼지고기와 안식일에 대한 유대교의 금기가 큰 갈등과 긴장 없이 실정법으로 제정될 수 있었다. 정당과 사법부는 이러한 법규범화 과정을 주도했고, 그 당시 사회에서 지켜지고 있던 금기를 자연스럽게 수용하는 형식을 취했기 때문에 별다른 갈등이 초래되지 않았다.

그러나 1980년대부터 이스라엘 사회의 인적 구성에 변화가 일어나고 새로운 사회 세력이 등장함에 따라 유대교 음식 및 안식일 금기규범의 변화에 대해서 많은 긴장과 갈등이 야기되고 있으며 그 변화 과정 또한 상대적으로 역동적이다. 아쉬케나짐(Ashkenazim, 유럽 백인계 유대인)과 세파라딤 간 그리고 세속 정당과 종교 정당 간에는 이스라엘의 새로운 정체성 형성에 자신들의 가치관을 반영하려는 투쟁이 격화되고 있으며, 1989년 이후 구(舊)소련 지역에서 대대적으로 귀환한 러시아 출신 유대인도 새로운 사회 세력을 이루면서 하나의 갈등 요인으로 등장하고 있다. 이 글에서는 이러한 갈등 가운데 이스라엘 사회에서 형성되고 변화하는 유대교의 돼지고기 금기와 안식일에 관련된 금기의 법규범화 과정을 차례로 살펴볼 것이다.

2. 돼지고기 금기

1) 돼지고기 금기와 유대인

유대교 음식법에서 금하는 대표적인 음식은 돼지고기이며 돼지고기 금기는 안식일과 함께 유대교의 여러 율법 중 가장 중요한 금기이다. 그래서 돼지고기는 유대인이 가장 혐오하는 음식이다. 이러한 금기는 유대민족의 역사에서 여러 사건을 거치면서 강화되었다. 그리스의 통치를 받던 기원전 2세기에 안티오쿠스 4세는 유대인의 모든 제사 행위를 금지시키고, 안식일과 할례를 금하며, 이 법을 어기는 유대인은 사형에 처한다는 칙령을 내렸다. 그뿐 아니라 예루살렘 성전을 헬라 성전으로 만들고, 제단에는 유대인들이 금기로 여기는 돼지를 죽여 바치도록 했다. 유대인에겐 참을 수 없는 신성모독이었다(최창모 2003: 67~68; 2005: 129~130). 이렇게 유대민족이 핍박을 받을 때, 외부인이 이들을 공격하고 심리적인 타격을 가하고 정체성을 흔들기 위해 빈번하게 사용했던 수단 중 하나가 바로 유대인이 혐오하는 돼지고기였다. 유대민족의 고난이 있을 때마다 돼지고기 금기는 유대교와 유대민족의 종교적·민족적 정체성을 상징하는 의미가 되었으며, 유대민족의 정서와 정체성에 깊이 뿌리내리게 된 것이다.

1948년 이스라엘이 독립하고 난 후 한동안 돼지고기 금기에 관한 실정법은 존재하지 않았다. 나사렛, 가나 등 아랍 기독교인이 거주하는 지역에서는 과거 관례대로 돼지가 사육되고 돼지고기가 판매되었다. 이러한 돼지고기의 수요와 공급 과정에서 이에 대한 규제의 필요성이 자연스럽게 제기되었지만 지방자치단체 차원에서 허가제 또는 행정명령의 방법을 통해 돼지 사육과 돼지고기 판매를 자체적으로 규정했다. 그러나 아랍 기독교인의 거주 지역과 일부 세속적인 유대인 거주 지역에서 점차 돼지고기에 대한 수요가 늘어나고 이와는 반대로 유대국가의 정체성 확립에 대한 이스라엘 국민들의 요구가 증대되면서 이스라엘의 의회인 크네세트(Knesset)와 사법부에서 돼지의 사육과 돼지고기 판매에 대한 문제를 다루기 시작했다.

2) 법규범화 과정

(1) 이스라엘 대법원의 돼지고기 금기 규범 개입

1950년대에 들어서면서 이스라엘 대법원은 지방자치단체가 조례를 통해 돼지고기 판매의 허용 여부를 다루는 것에 대해 문제를 제기하기 시작했다. 돼지와 관련된 금기의 허용 문제는 종교적·정치적 문제로서 지방자치단체의 권한 밖이라는 이유로 돼지고기 판매 문제는 지방자치단체가 자체적으로 결정할 수 없으며, 중앙정부와 의회가 제정한 법률이나 이러한 법률의 위임을 받아서 규제해야 한다고 판시한 것이다. 이에 따라 크네세트는 1956년 12월 5일 지방자치법(특별위임)을 제정하여 지방자치단체가 돼지의 사육과 보유 그리고 돼지고기 및 그 가공품에 대한 판매를 제한 또는 금지하는 조례를 제정하여 시행하도록 위임했다.

(2) 지방자치단체의 돼지 관련 조례 제정

돼지 사육과 돼지고기 판매의 제한 또는 금지에 관한 사항을 지방자치단체에 위임하는 지방자치법의 제정에 따라 지방자치단체들은 조례 제정을 통해 돼지 사육과 돼지고기 판매와 관련된 사항을 규제하기 시작했다.

예루살렘 시는 1957년 8월 15일 '예루살렘 조례: 돼지와 돼지고기'를 제정하여 돼지의 사육과 보유, 돼지고기의 판매를 금지하는 조례를 제정했으며 이를 위반하는 자에게 벌금을 부과하는 규정을 두었다. 동 조례 제8조는 1955년에 제정된 돼지와 돼지고기 관련 조례의 폐지를 규정하고 있어서 크네세트의 입법 이전에 이미 돼지고기 판매를 금하는 조례가 시행되었음을 시사하고 있다. 또한 동 조례 위반 시 이에 대한 단속과 처벌 절차에 대해서도 구체적으로 규정하고 있다. 아풀라(Afula) 시도 예루살렘 시와 비슷한 내용의 조례를 1958년 10월 3일에 제정했으나 예루살렘 시의 조례와는 달리 시행 절차에 대한 구체적인 규정 없이 간단한 형식을 취하고 있다.

헤르젤리아(Herzelia) 시는 1960년에 돼지의 사육, 보유와 판매를 금지하는 조례를 제정하여 시행하고 있다. 헤르젤리아 시의 조례도 예루살렘 시 조례와 비슷하게 시행 절차에 대하여 상세하게 규정하고 있다. 또한 헤르젤리아 시 조례 제10조는 1955년 제정된 돼지고기 금기와 관계된 조례의 폐지를 규정하고 있는데, 이 또한 크네세트의 입법조치 이전에 이미 돼지고기 금기와 관련된 법규를 시행하고 있었음을 시사하고 있다. 특이한 점은 동 조례의 효력 발생 이전에 이미 적법하게 돼지를 사육하고 돼지고기를 판매하는 자는 계속 영업할 수 있음을 규정하고 있다는 것이다.

1958년 8월 7일 제정된 하이파(Haifa) 시의 돼지 금기 관련 조례는 상당수 아랍 기독교인들이 관할 지역에 살고 있음을 고려하여 특정

구역에 대한 동 조례 적용의 예외를 규정하고 있다. 또한 1971년 개정 시에는 동 조례 위반에 대한 처벌 규정을 삭제했다.

(3) 이스라엘 국회의「돼지 사육 금지법」제정

크네세트는 1962년「돼지 사육 금지법」을 제정하여 그동안 지방자치단체의 조례로 규정하던 돼지 금기 중 돼지 사육에 대한 사항을 중앙정부 차원에서 법률로 제정하여 이를 전국적으로 적용시켰다. 동법 제1조는 돼지의 사육, 보유, 도살을 금지하고 있으며, 제2조에서는 기독교인이 살고 있는 특정 지역과 돼지에 관련된 연구를 위한 연구기관 및 동물원에서의 동 조례 적용의 예외를 규정했다. 제3조와 제4조에서는 동법 위반자에 대한 벌금을 규정하고 있으며 기타 조항에서 동법 시행에 관련된 절차와 경과 규정을 두고 있다.

3) 금기 규범의 변화

(1) 돼지 금기 규범 변화의 맥락적인 요인

1970년대까지는 돼지 금기 관련 법규는 큰 변화 없이 유지되고 있었다. 그러나 1980년 중반부터 돼지 금기에 관련된 문제가 제기되기 시작했다. 그 배경은 다음과 같다.

첫째, 19세기 말부터 시온주의 운동을 추진하여 1948년 이스라엘 건국에 성공했던 동유럽 출신 아쉬케나짐 유대인이 이스라엘의 사회 각 분야에서 발전의 주역을 담당해왔으나, 1948년 건국 이후 이스라엘에 대대적으로 귀환했던 세파라딤이 점차 부상하게 됨에 따라 이에 수반해서 정치적·사회적 변동이 일어나게 된다. 1977년에는 이들이 주로 지지했던 만년 야당인 리쿠드(Likud)당이 총선에서 노동당에 승리하여 집권하여, 이스라엘 국가의 종교적, 정치적 정체성 문제를 제기하기 시작했다. 특히 1980년대 중반부터 이스라엘에서는 종교 정당이 세력을 증대하고 정당 구조의 파편화 현상이 일어났다. 이 과정에서 군소 정당이 난립하게 되자 이들의 영향력이 더욱 증대되었다.

이러한 정치·사회적 변동 과정에서 돼지고기 금기의 강제와 입법은 주로 종교 정당들에 의해 시도되었다. 1985년 샤스를 비롯한 종교 정당들은 돼지 사육 및 돼지고기 판매의 전면적인 금지를 내용으로 하는 법 개정을 시도했으나 성공하지 못했다. 1990년에도 비슷한 내용으로 돼지고기 금기의 전면적인 적용을 목적으로 하는 입법을 시도했으나 야당의 반대로 성공하지 못했다. 이 과정에서 양대 정당인 리쿠드당과 노동당은 종교 정당이 자신들이 추진하는 연립 내각에 참여하는 조건으로 돼지고기 판매 전면 금지를 내용으로 하는 법을 제정하기로 약속했으나 실제 법안 심의 과정에서 여론의 압력으로 성공하지 못했다.

1950년대에는 비종교 정당들도 돼지 금기의 법제화에 긍정적인 입장이었다. 종교적인 신앙규범으로서의 필요성뿐 아니라 유대민족의 역사적 전통에서 돼지 금기가 유대민족의 정체성을 공고히 했으며, 유대민족에 대한 박해나 고난 과정에서 돼지에 대한 혐오감이 깊이 뿌리내렸기 때문이다. 또한 1950년대 당시에는 종교인들에 대한 인식

<표 1> 이스라엘 종교정당의 세력 변화(%, 1969~2006)

정당별	1969	1973	1977	1981	1984	1988	1992	1996	1999	2003	2006
노동당	56	51	32	47	44	42	44	34	26	19	19
카디마											29
리쿠드	26	39	43	48	41	40	32	32	19	38	12
NRP	12	10	12	6	4	5	6	9	5	6	9
민족연합	—	—	—	—	3	6	6	7	7	7	11
Aguda	6	5	5	4	4	7	4	4	5	5	6
샤스					4	6	6	10	17	11	12
종교정당 의석 비중	15	13	14	8	13	20	18	25	28	24	32
시누이	—	—	15	2	3	2	—	4	12	15	—
메레츠	—	—	3	1	3	5	12	9	10	6	5
반(反)종교 정당 의석 비중	—	—	15	3	5	6	10	11	18	18	4

도 현재와는 달리 좋은 편이었다. 당시의 종교인들은 자신의 편협한 이익만을 추구하는 부패집단으로 인식되기보다 민족공동체라는 인식이 강했기 때문이다.

그러나 1980년대 중반 이후 종교 정당들이 의석을 급격히 확대했다. 또한 종교 정당 소속 국회의원이 정부의 주요 부처 장관을 차지하고 국가의 인적, 물적 자원 배분에서 영향력을 확대했다. 이에 따라 이들은 자신들의 편협한 이익을 추구하는 집단 또는 부정과 부패에 물든 정당으로 인식되었으며, 이들의 돼지 관련 금기의 입법화 시도

<표 2> 최근 유대인 귀환 인원 (출신 지역별, 1989~2000)

출신 지역	귀환인원(명)	비율(%)
구소련 지역	885,850	85.0
서유럽	35,100	3.4
중부 유럽	13,860	1.3
북미 지역	26,330	2.5
남미 지역	19,150	1.8
북아프리카 지역	1,730	0.2
그 외 아프리카 지역	47,120	4.5
오세아니아	1,400	0.1
아랍 국가	3,550	0.4
그 외 아시아 지역	8,630	0.8
계	1,042,720	100.0

역시 큰 호응을 받지 못했다. 한편, 이들 종교 정당 간의 선명성 경쟁이 격화됨에 따라 종교적인 규범을 강제하는 입법 시도는 강화되었고, 반면 1980년대 이후의 젊은 세대는 건국 초기 기성세대와는 달리 돼지에 대한 혐오감이 약화되었다.

둘째, 돼지 금기에 대한 법규범 변화에 큰 영향을 미친 또 하나의 맥락적 요인은 1989년 구소련 지역에서 유대인들이 대대적으로 귀환한 사건이다. <표 2>를 보면 1989년부터 2000년까지 구소련에서 이스라엘로 귀환한 유대인의 숫자는 88만 5,850명에 달했다는 것을 알 수 있다. 이스라엘 이민성에서는 1990년대에 구소련에서 귀환한 유대인 약 89만 명 중 24만 명은 유대교인이 아니라고 밝히고 있다. 그리고 이스라엘의 기독교 지도자들은 구소련에서 온 귀환자 중 비(非)

<표 3> 신규 유대인 이민 인구 비율(20%이상, 2000년)

도시 이름	이민인구(명)	전체인구 대비 신규 이민자의 비율(%)
브나이 이야스	3,934	58.0
상부 나사렛	22,818	44.8
오르 아키바	7,725	43.5
스데롯	8,387	38.9
아리엘	6,334	38.4
마알롯 타르쉬샤	7,955	38.2
카르미엘	17,214	37.3
아라드	9,994	36.9
아쉬돗	63,858	34.0
아쉬켈론	35,738	33.1
키리얏트 얌	14,974	32.9
키리얏트 갓	16,638	32.2
카츠린	2,141	31.7
브엘쉐바	54,341	29.4
하데라	22,838	29.2
바트 얌	44,078	27.4
나타니야	46,616	25.4
하이파	66,421	22.2

* 자료: Ministry of Immigrant Absorption(2001).

유대교인이 4만 명에 달한다고 주장한다. 결국 이들 중 상당수는 기독교인들이거나 세속화된 유대인들로서 돼지고기를 먹는 관행을 가지고 있었다. 이에 따라 이들이 정착하는 도시와 마을에는 인적 구성(<표 3>)과 주민들의 음식 문화가 크게 변화했으며, 이 지역에서 돼지고기의 수요가 급증하게 된다.

(2) 인권 관련 기본법 제정

이스라엘은 불문법 국가로서 단일의 헌법이 없으나 1958년 「의회기본법」, 1960년 「토지기본법」, 「대통령기본법」, 1968년 「정부조직기본법」, 1975년 「국가경제기본법」, 1976년 「이스라엘 군(軍)기본법」, 1980년 「이스라엘 수도 예루살렘 기본법」, 1984년 「사법(司法)기본법」, 1988년 「감사원기본법」, 1992년 「인간의 존엄과 자유 기본법」, 「영업의 자유 기본법」 등 헌법 체계의 골격을 구성하는 각종 기본법이 제정되어 헌법의 기능을 수행하고 있다.

이 중 1992년 제정된 「기본법: 인간의 존엄과 자유(Basic Law: Dignity of Man and his Freedom)」의 제1조에서는 이스라엘이 유대국가(Jewish state)인 동시에 민주국가(democratic state)임을 천명하고 있다. 이는 모든 국민이 사상이나 종교적인 이유로 차별받지 않고 동등한 대우를 받을 수 있음을 의미하는 것이며, 유대민족의 종교적·민족적 전통과 가치가 개인의 사상 및 종교의 자유와 조화를 이루어야한다는 것이다. 같은 1992년에 제정된 「기본법: 영업의 자유(Basic Law: Freedom of Occupation)」의 제1조는 이스라엘의 모든 국민과 거주민은 모든 영업, 직업 또는 직종에 종사할 권리가 있음을 천명하고 있다. 이 두 기본법은 국민의 인권을 보장하는 헌법 체계로서 종교적인 규범의 국가적인 강제를 제한하는 근거로 법원의 판결에서 자주 인용되고 있다. 또한 이 법들은 돼지의 사육과 돼지고기 판매를 금지하는 지방자치단체 조례의 위헌 여부를 이스라엘 대법원이 판단하는 데 중요한 준거를 제공했다.

한편 정당 및 권력 구조의 파편화 경향에 수반되어 사법부의 영향력이 크게 증대했다. 세속적인 아쉬케나짐 법조 엘리트들이 그들의 세계관과 이념 정향을 크게 반영하고 있는 이스라엘의 사법부는 국가의 성격 규정에 있어서 유대성(Jewishness)보다는 민주성을 강조하는 경향을 보이고 있다. 그리고 유대교의 종교적 율법과 금기의 국가적인 강제를 사상과 종교의 자유, 인권과 종교로부터의 자유를 중요시하는 판결 경향을 보이고 있다.

(3) 돼지 금기 관련 법률 제정 시도

1990년 아구다트 이스라엘(Agudat Israel) 등 종교 정당들은 돼지 사육 및 돼지고기 판매를 금지하는 법안을 제출했다. 동 법안은 주민 과반수가 기독교인인 지역이나 지방자치단체에서만 돼지고기를 판매할 수 있도록 제한하는 내용이었다. 그러나 노동당을 비롯한 야당의 반대에 부딪혀 법안 통과에 실패했다. 동 법안에 대한 반대 이유로는 첫째, 동 법안은 국민의 음식 선택권을 제한하며 유대교 음식 율법을 국가가 개인에게 강요할 수 없다. 둘째, 지난 수십 년간 지켜오던 돼지고기 관련 규범을 변경해야 하는 특별한 이유가 없다. 셋째, 동법을 시행하면 돼지고기 관련 산업에 종사하는 주민들의 생계에 부정적인 영향을 준다는 것이다.

리쿠드당 - 노동당의 양대 정당이 의회에서 세력 균형을 이루고 군소 정당이 난립함에 따라 아구다트 이스라엘과 샤스 등 극보수 정통파 유대교 정당들은 이러한 상황에 편승하여 종교적인 규범의 실정법적 제도화와 법규범화를 시도했다. 그들은 돼지의 사육과 돼지고기 판매 문제는 이스라엘의 종교적·민족적 정체성과 관련된 것으로서 하나님의 말씀과 율법을 준수토록 해야 한다는 논리를 전개했다. 특히 샤스당은 지방자치단체의 돼지 금기 관련 조례 제정 시 이에 대한 승인 과정에 자당 소속 장관에게 자신의 입장을 반영하려 했으며, 리쿠드당 또는 노동당과의 연립 내각 구성 협상 시 돼지 사육과 돼지고기 판매를 제한하는 입법을 관철하기 위하여 노력했으나 뜻을 이루지 못했다.

4) 사법부의 판례

돼지 금기의 법규범화 과정에 가장 결정적으로 기여했던 행위자는 아론 바락(Aharon Barak) 전 대법원장을 수장으로 한 이스라엘 대법원이었다. 이스라엘 대법원이 돼지고기에 관한 소송에 적극적인 입장을 보였기 때문이다. 가장 대표적인 사례는 이스라엘 대법원이 최고재판소(High Court of Justice)[1]로서 2004년 6월 14일 판결했던 베이트 쉐메쉬(Beit Shemesh) 시, 티베리아스(Tiberias) 시, 카르미엘(Karmiel) 시의 돼지

---

1) 이스라엘 대법원은 행정법원으로서의 기능을 수행하고 있으며, 행정법원 기능을 수행하는 대법원을 최고재판소로 칭한다.

관련 조례에 대한 소송 사건(H.C. 953·01)이었다.

티베리아스 시는 돼지고기와 돼지 가공식품의 판매 금지를 티베리아스 시 관할 구역 전역으로 확대하는 조례를 제정했으며, 베이트쉐메쉬 시와 카르미엘 시는 일부 지역에만 돼지고기 판매를 금지하고 공업 지역을 비롯한 나머지 지역에는 허용하는 조례를 제정했다. 이러한 티베리아스 시 등의 조례 제정에 대하여 리쿠드당의 솔로드킨(Solodkin) 의원과 종교적인 율법의 국가 강제를 반대하는 비종교 정당 시누이(Shinui), 돼지고기를 판매하는 정육점과 상점주인, 돼지고기의 수입, 가공, 유통 및 판매 관련 영업을 하는 회사, 돼지고기 소비자 등이 조례의 적법성에 대한 행정소송을 최고재판소에 제기했으며, 이스라엘 대법원은 이례적으로 아론 바락 당시 대법원장이 직접 작성하고 9인의 대법관 전원이 만장일치로 동의한 판결을 내렸다.

대법원은 이 판결문에서 동일 지방자치단체 내에서도 첫째, 절대다수의 주민들이 돼지고기 구입을 원하는 지역 또는 돼지고기 판매를 상관하지 않는 지역은 지방자치단체가 돼지고기 판매를 허용해야 하고, 둘째, 지역 주민 절대 다수가 음식 율법을 지키는 유대교인이거나 돼지고기 판매를 반대하는 지역은 돼지고기 판매를 금지하며, 셋째, 돼지고기 판매를 찬성하거나 반대하는 주민이 혼합되어 거주하는 지역은 돼지고기를 원하는 주민들이 멀지 않은 가게에서 돼지고기를 구입할 수 있다면 돼지고기 판매를 금지하거나 변두리 지역에서만 판매를 허용하도록 해야 한다고 판시했다. 해당 지방자치단체의 돼지고기 금기에 대한 입장과 관련하여 주민들의 인구 구성을 조사하여 조례를 제정해야 한다는 것이다. 또한 1992년 제정된 「인간의 존엄과 자유 기본법」과 「영업의 자유 기본법」에 근거하여 국민의 돼지고기에 대한 종교적·민족적 정서와 정체성을 고려해야 하지만, 이러한 요소가 사상과 종교의 자유, 영업의 자유 등 개인의 인권과 조화를 이루어야 한다고 판시했다.

돼지 금기에 관한 이러한 대법원의 판결에 대해 종교 정당들은 격렬하게 비난했지만 시누이당과 메레츠당 등 세속적인 정당은 환영했다. 이스라엘 언론들은 일반적으로 균형 잡힌 판결이라는 반응을 보였다. 그러나 학계에서는 찬성과 반대의 두 가지 입장을 보였다. 비판적인 입장은 사법부가 정치적이며 종교적인 사안에 너무 깊이 관여하고 있으며, 이스라엘 대법원이 세속적인 성향을 가진 엘리트들로서 일반 국민의 종교적인 성향과 정서를 반영하지 못하고 있다는 것이다(Rosenblum, 2004). 또한 입법부와 정당 구조가 파편화되고 양대 정당이 균형을 이루는 권력 구조하에서 사법부가 증대된 영향력과 파워로 입법부가 다루어야 할 사안에 과도하게 개입하고 있다고 비판한다. 국민으로부터 직접 선출되지 않는 임명된 대법관들이 사법부 독재를 하고 있다는 것이다(Plaut, 2007). 2007년 2월 법무부 장관에 임명된 다니엘 프리드만(Daniel Friedmann) 신임 법무장관도 이와 비슷한 입장을 피력했으며 과도하게 증대된 이스라엘 대법원의 파워를 제한하기 위하여 정치적인 절차를 통해 구성하는 헌법재판소를 설립하고 대법원에서 행사하고 있는 위헌법률심사 권한을 이양하겠다고 천명한 후 이에 대한 법안을 준비한 바 있다(Yoaz, 2007).

<표 4> 이스라엘 유대인들의 음식 규범 준수도 I(%, 1996)

음식 규범	항상 준수	가끔 준수	지키지 않음
대속죄일에 금식	70	11	19
유대교 음식 금기 지킴	69	18	13
돼지고기나 조개를 먹지 않음	63	16	21

* 자료: Elazar(1996b).

<표 5> 이스라엘 유대인들의 음식 규범 준수도 II(%, 2000)

음식 규범	응답률
유월절에 유교병을 먹지 않음	68
대속죄일에 금식함	67
유대교 음식 금기 지킴	58
식기를 음식율법에 따라 구분함	44

* 자료: Levy, Levinsohn and Katz(2002).

5) 금기 준수 실태

그렇다면 이스라엘 유대인들은 돼지고기 금기를 어느 정도 준수하고 있는가? <표 4>를 보면 항상 돼지고기 금기를 지키는 비율은 63%이나 전혀 지키지 않는다고 응답한 비율도 21%에 달한다. <표 5>에 의하면 유대교의 음식 금기를 지킨다고 응답한 비율이 58%로서 이 두 가지 통계를 고려하면 돼지고기를 가끔이라도 먹을 수 있는 비율은 40% 내외 가량으로 추정할 수 있다.

또한 유대 음식법에서 금지한 고기를 수입하는 한 수입업자는 1993년 현재 이스라엘에는 유대교 율법에서 금지하는 고기를 판매하는 700개의 비(非)코셔 정육점이 있으며, 15%가 유대 음식법에 금지된 고기를 먹는다고 주장한 바 있다. 또한 ≪예루살렘 포스트(Jerusalem Post)≫는 1990년 6월 14일자 기사에서 돼지고기를 포함하여 유대교 율법에서 금지하는 비코셔 고기를 키부츠 미즈라(Kibbutz Mizra)에서만 연간 2,100톤을 생산한다고 보도했다. 이러한 수치는 매일 200kg의 돼지 약 30마리 분량의 비코셔 고기가 생산된다고 볼 수 있는 것이다.

3. 안식일

1) 영국 위임통치시대의 안식일 관련법 제정 노력

유대민족의 핵심적인 종교 규범인 안식일 준수와 이러한 규범의 법 제정 노력은 1880년대 이후 유대인들이 팔레스타인 땅에 귀환하여 유대민족 공동체인 이슈브(Yishuv)[2]를 형성했던 때부터 꾸준히 계속되었다. 20세기 초 영국의 위임통치하에 생활하던 이슈브 지도자들은 안식일(토요일)을 1주일 중 정기적으로 쉬는 유대인의 공식 휴일로

2) 히브리어로 정착촌을 의미하며 팔레스타인 유대공동체를 지칭함.

지정해달라고 영국 정부 당국에 수차례 요구했으나 거부당했다. 1932년 유대민족 공동체의 대표기구인 이스라엘 크네세트(Israel Knesset)의 총회(A'sifat Ha - Nivharim)는 안식일법 제정을 영국 정부에 요구하는 결의안을 통과시켰다. 1933년 유대인 기구(Jewish Agency) 집행위원회도 안식일을 공식 주간 정기 휴일로 지정해줄 것을 요청하는 결의를 했으며, 1935년에는 시온주의 의회가 제19차 총회에서 영국 정부에서 근무하는 유대인 노동자와 공무원들이 안식일에 휴무할 수 있도록 하는 안식일의 공휴일 지정요구결의안을 통과시켰다. 당시 유대민족 지도자들은 이러한 안식일의 공휴일 지정이 유대민족의 종교적 전통 계승과 노동자들의 사회 복지 및 민족적 전통 계승의 관점에서 중요함을 강조했다.

유대민족 지도자들은 영국 위임통치 당시 유대인들 다수가 거주하는 지역의 조례와 규칙에 안식일을 공휴일로 제정하려는 노력을 했으며, 이러한 노력의 결과로서 텔아비브(Tel-Aviv) 유대인 거주 지역에 부분적으로 안식일을 공휴일로 지정하는 조례가 공포되기도 했다. 그러나 이러한 입법 노력은 영국 관할 법원의 판결로 인해 그 효력이 부정되었다. 법원은 판결에서 동 조례의 내용이 종교적인 것으로서 양심의 자유를 제한하는 종교적인 규범을 텔아비브 주민들에게 강제하는 것이기 때문에 그 효력을 인정할 수 없다고 했다.

1948년 이스라엘이 독립을 쟁취한 후 구성한 과도정부 의회에서 안식일이 유대 공휴일임을 공식적으로 선언하는 법안이 통과되었다. 그러나 이러한 실정법으로의 법규범화는 안식일의 공휴일 지정에 따른 실제적인 조치가 수반되지 않는 선언적인 의미를 가진 것이었다.

2) 안식일 규범 법규범화의 정치·사회·역사적인 배경

(1) 시온주의와 유대민족의 알리야(Aliyah, 귀환) 운동

이스라엘의 건국은 전 세계에 흩어져 방랑하던 유대민족이 팔레스타인에 돌아와 나라를 세우려는 시온주의 운동에 힘입은 바가 크다. 이 시온주의 운동의 비전은 19세기 중엽부터 헤스(Moses Hess), 핀스커(Leo Pinsker), 헤르첼(Thedor Herzel) 등과 같은 유대민족 선각자들이 제시했고 다음 세대들이 이 비전을 구체화하고 발전시켰다. 이렇게 시작된 시온주의 운동은 19세기 말 헤르첼에 의해 본격화되었으며, 제1차, 제2차 세계대전 시기의 러시아, 폴란드 등 동유럽에서 반유대주의 물결의 영향을 받아 가속화되어 해외 유대인의 팔레스타인으로의 귀환과 정착을 실현했다.

디아스포라 유대인들이 팔레스타인으로 귀환하는 물결은 1882년부터 시작되었다. 1882년 팔레스타인의 유대인 인구는 24만 명에 불과했으나 1922년에는 8만 3,790명(팔레스타인 전체 인구의 11.1%), 1948년에는 65만 명에 달했다. 유대민족의 귀환은 보통 1882년부터 이스라엘이 독립을 선포한 1948년까지 시대별로 5대 이민군으로 구분되는데, 2차와 3차 대(大) 이민 시에 들어온 귀환자들이 이스라엘의 건국을 담당한 지도 세력을 형성한다.

(2) 영국 위임통치하 팔레스타인 유대공동체(이슈브)의 정치 체계

영국의 위임통치 당시 팔레스타인에는 적어도 서로 다른, 그리고 서로 투쟁하며 상호 작용하는 세 개의 사회가 존재했다. 정치, 사법, 행정기관의 고위직을 대부분 차지하고 있던 적은 수의 영국인 사회, 이슈브라고 불리는 자발적이며 공권력이 없는 유대인 사회, 그리고 당시 팔레스타인의 절대 다수를 점유하던 아랍인 사회이다. 이슈브는 건국 이전 오스만(Ottoman) 제국의 통치(1917년 이전)와 제1차 세계대전 이후 영국군의 군정(1917~1922년), 영국의 위임통치(1922~1948년)를 거쳐 1948년 5월 14일 이스라엘의 건국과 함께 국가로 전환되었다.

이슈브의 정당들은 크게 사회주의 노동당 계열, 중산층을 대표하는 우파 성향의 수정주의자(revisionists)를 포함하는 중도 및 우파그룹, 종교 정당, 출신 국가 및 지역을 중심으로 결성된 지역 정당 등 네 그룹으로 구분되며 영국의 위임통치하에서 준 국가적인 유대민족 대표 기관들의 설립과 이슈브의 정치, 사회, 경제적인 발전을 주도했던 정당으로 마파이(Mapai)당이 있었다. 이들의 의석 분포 변화를 보면 <표 6>과 같다.

마파이당은 1906년에 창립된 두 개의 사회주의 정당에 그 뿌리를 두고 있다. 하포엘 하짜이르당은 러시아 사회혁명당(Russian Social Revolutionary Party)의 영향을 받아 팔레스타인에 창설된 사회주의 정당이었다. 이렇게 만들어진 마파이당은 이슈브의 거의 모든 유대민족 기관들을 지배했고 1948년 이스라엘의 건국과 그 이후 전개된 전쟁에서의 승리는 물론 현재까지 경제, 사회, 문화의 각 부문을 주도하는

<표 6> 유대민족의회(A'sifat Ha - Nivharim)의 의회 의석 분포(%)

그룹별	1920	1925	1931	1944	1949
노동당 계열	37.0	36.5	42.3	59.1	53.9
중도 및 우파	19.7	42.1	32.4	21.0	23.6
종교 정당	20.3	8.8	7.0	16.6	14.9
지역정당, 기타	23.0	12.6	18.3	3.3	7.6
계	100.0	100.0	100.0	100.0	100.0

* 자료: Lissak and Emanuel(1979: 117, 135~136).

정당이 되고 있다.

마파이당을 중심으로 한 유대민족기구 집행부의 행정적인 주요 직책은 정치인이 대거 점유하고 있거나 정치적인 대표성에 의해 임용되었다. 정당지분제도(party key system)에 의해 정기적으로 실시되는 각종 선거로 각 정파 간 득표율에 따라 집행부, 행정부의 직위가 분배되었으며 예산이나 물적 자원 역시 이러한 대표성에 의해 분배되었다. 이슈브 시대에는 주권국가에게 부여되었던 강제수단이 없었기 때문에 제도화된 정치적인 삶을 유지하기 위한 유일한 길은 각 정파들이 타협에 기초한 다원주의 체제를 지지하는 것이었다. 정파 간의 이러한 타협과 협력 과정에서 종교 정당들이 중요한 조정자 역할을 했다.

(3) 이스라엘의 건국과 정치 체계의 형성

1948년 독립한 이스라엘은 의원내각제이고, 단원제 의회인 크네세트에는 순수한 비례대표제에 의해 전국을 단일 선거구로 하여 선출되는 120명의 국회의원이 있으며 영국식의 사법부와 소수 정당이 난립하는 복수정당제 국가이다. 대부분의 정당은 이슈브 시대의 정치 및 정당 구조의 맥을 유지하고 있다.

그러나 1977년 이후 민족주의적 보수 강경 성향의 리쿠드당이 총선에서 노동당에 승리하여 집권함에 따라 1930년대 이후 이스라엘의 건국과 국가 발전에 주도적인 역할을 담당했던 노동당 중심의 정당 구조가 리쿠드당 - 노동당의 양당을 축으로 하여 이원화되었으며, 1980년대 중반부터는 종교 정당도 세력을 급격히 증대시켰다. 또한 노동당 - 리쿠드당의 양당 간 세력 균형이 이루어짐에 따라 종교 정당을 비롯한 군소 정당의 영향력이 증대했다.

(4) 유대교 종교 규범 입법 과정에서 종교 정당의 역할

다음 <표 7>에서 보는 바와 같이 이스라엘 정치 체계에서 종교 정당이 차지하는 공식적인 세력은 그렇게 높지 않다. 이스라엘 건국 이전 영국 위임통치하의 이슈브 시대 유대민족의 대표 기구인 의회에서 종교 정당의 의석 비율은 7~20.3%의 분포를 보이고 있다. 이스라엘 건국 이후 의회에서의 종교 정당 의석비율도 8~32%의 분포를 보여준다.

19세기 말부터 시온주의 운동의 주도세력으로서 1948년 이스라엘이 건국하는 과정에서 핵심적인 역할을 담당했던 마파이당(노동당의 전신)의 지도자들과 지지자 대부분은 세속적인 성향이 강했으며 안식일의 공휴일 지정에 관련된 법 제정도 종교적인 차원에서가 아니라

<표 8> 이스라엘 의회(Knesset)의 의석 분포(1949~2006)

정당별	1949	1951	1955	1959	1961	1965	1969	1973	1977	1981	1984	1988	1992	1996	1999	2003	2006
노동당	46	45	40	47	42	45	56	51	32	47	44	39	44	34	26	19	19
기타좌파	19	15	19	16	17	18						3					
카디마																	29
자유당	7	20	13	8	17	26	26	39	43	48	41	40	32	32	19	38	12
리쿠드	14	8	15	17	17												
NRP	16	10	11	12	12	11	12	10	12	6	4	5	6	9	5	6	9
민족연합	—	—	—	—	—	—	—	—	—	—	3	6	6	7	7	7	11
Aguda	—	5	6	6	6	6	6	5	5	4	4	7	4	4	5	5	6
샤스											4	6	6	10	17	11	12
시누이	—	—	—	—	—	—	—	—	15	2	3	2	—	4	12	15	—
메레츠	—	—	—	—	—	—	—	—	3	1	3	5	12	9	10	6	5
아랍연합	2	1	4	5	4	4	4	3	1	—	2	2	2	4	5	2	3
Balad	—	—	—	—	—	—	—	—	—	—	—	—	—	—	2	3	4
공산당	4	5	6	3	5	4	4	5	5	4	4	4	3	5	3	3	3
Liberals	5	4	5	6	—	5	4	4	1	—	—	—	—	—	—	—	—
기타정당	7	7	1	—	—	1	8	3	3	8	8	1	—	7	8	5	7

노동자의 권리와 사회 복지의 측면에서 접근했다. 특히 일부 지도자들은 전통적인 유대교의 종교 관습과 종교적 유대인에게 적대적 감정을 가지고 있었으며 종교적인 규범을 국가가 강제하는 것에 강력히 반대했다. 그러나 다양한 정파 간 민족적인 협력과 단결을 위해 종교 정당이 요구했던 안식일, 유대교 음식법, 종교 절기 등 전통적인 종교 규범의 제도화에는 대체적으로 관대한 입장을 보였다. 그리고 세속적인 지도자들은 어린 시절 종교적인 분위기 가운데 교육받고 성장한 경우가 많아 일반적으로 유대교의 관습과 전통에 긍정적인 시각을 가지고 있는 점도 종교 정당과 세속 정당 간의 협력과 타협에 도움이 되었다.

무엇보다도 다양한 이념의 정당이 난립하고 있는 이스라엘의 정치 구조에서 종교 정당의 영향력이 상당했으며 집권 정당이 권력유지와 주요 정책 추진의 과정에서 그들의 협력을 필요로 했다.

3) 「업무시간 및 휴식법(Work Hours and Rest Law)」

(1) 「업무시간 및 휴식법」의 주요 내용

1951년 이스라엘 국회는 안식일에 경제활동과 노동을 금지하는 법을 제정하여 공포했다. 그 주요 내용 및 동법 시행과 관련된 법규의 입법조치는 다음과 같다.

- 안식일(토요일)이 유대인들의 주간 정기 공휴일이다.〔동법 제7조 (b)항 (1)호〕

- 주간 정기 휴무일로서 안식일의 범위는 최소한 연속적인 계산으로 25시간이 되어야 하며 안식일은 금요일이 끝나고 토요일 시작 때부터 익일(토요일) 안식일이 끝날 때까지이다.〔동법 제8조〕
- 동법 제12조에 의해서 허용되지 않는 한 안식일에 유대인 고용 금지
- 자영업자의 안식일 노동 금지〔동법 제9a조 (a)항과 (b)항〕
- 종교적인 이유로 안식일 노동을 거부한 자에 대한 차별금지〔동법 제9c조, 제9d조, 제9e조〕
- 특별한 경우 관계 장관 허가를 받아 안식일에도 영업과 노동을 허용해줄 수 있다.〔동법 제12조〕
- 동법에 반하여 안식일에 유대인을 고용하여 일을 시킨 자에 대한 처벌〔동법 제26조〕

(2) 입법 취지 및 법 제정 목적

당시 크네세트의 다수 의석을 차지했던 노동당과 소속 국회의원들은 안식일을 공휴일로 지정한 동 법안의 입법 목적이 종교적인 것이 아니며 노동자의 사회 복지 차원에서 노동자가 계속적인 노동에서 벗어나 신체적인 휴식을 취할 수 있도록 하기 위한 것임을 강조했다. 반면 종교 정당 소속 국회의원들은 안식일을 종교적인 관점에서 접근하여 의미를 부여했으며, 동 법안에 '거룩한 안식일을 범해서는 안 된다'는 조항의 삽입을 주장했다. 그들의 요구가 수용되지 않자 종교 정당 소속 국회의원들은 동 법안에 반대하는 표결을 했다. 이러한 사실로 미루어 볼 때 1951년 제정된 안식일에 관한 법안이 종교적인

안식일 준수를 위한 것이 아니라 노동자들의 사회 복지 차원에서 이루어진 것임을 알 수 있다.

(3) 안식일 관련 지방자치단체 조례 및 규칙 제정

1964년에 제정되고 1990년에 개정된 안식일 관련 지방자치단체 조례 및 규칙은 안식일에 상점, 영업 시설, 유흥업소의 영업을 금지하고 있다. 1990년 동법 개정 이전까지 이스라엘 사법부는 동법을 적용하기 위한 시행령의 입법은 그 자체가 종교적인 성격을 내포하고 있으며 관련되는 사안이 지방 단위로 적용되기보다는 전국적인 차원의 성격이기 때문에 크네세트에서 관련 사항을 입법해야 한다고 유권해석을 했다. 그러나 1990년 동법 개정을 통해 지방자치단체가 동법 시행령에서 '종교전통의 요소를 고려'하여 제정할 수 있음을 명시적으로 규정했다.

그리고 2001년에 제정된 「공공건물 및 숙박업소 건물의 승강기 설치법」은 안식일에 종교적인 의미를 부여하여 안식일을 범하는 것을 방지하기 위한 것이었다. 1950년대와 1960년대의 안식일 관련 법안의 입법은 주로 세속 정당인 노동당의 주도로 이루어졌으나 1990년대 이후 진행된 유대교 음식 율법과 안식일 관련 법안의 입법 노력은 종교적인 차원에서 시도되고 있는 것이다.

4) 안식일에 관련된 사안에 대한 사법부의 판례

(1) 핸디만 주식회사 대 이스라엘 정부 사건[3)]

핸디만 주식회사는 12명의 유대인을 안식일에 고용하여 영업시간 및 휴식법 제9조(자영업자의 안식일 노동 금지)를 위반했다는 사유로 텔아비브 노동지방법원으로부터 5만 5,000세겔의 벌금형을 선고받았다. 이에 동 회사는 국가노동법원에 항소했는데 항소 이유로 첫째, 12명의 유대인 고용자는 이스라엘 시민권을 가졌으나 유대교 종교인의 정체성을 가지고 있지 않으며 둘째, 안식일에 영업을 금지하는 「영업시간 및 휴식법」 자체가 「직업의 자유 기본법」에 위배되는 위헌 법률이고 셋째, 이스라엘 국민 다수가 안식일에 쇼핑을 하면서 가족들이 즐기며 휴식하는 것을 선호하고 있는데 「영업시간 및 휴식법」은 이러한 국민들의 요구와 필요에 위배된다는 것이었다. 법원은 안식일이 국민과 노동자의 사회 복지를 위한 것이며, 유대민족의 휴식을 위한 것으로서 민족적·종교적 의미와 가치가 부여되어 있다는 이유로 핸디만 주식회사의 주장을 받아들이지 않았다.

(2) 야코비안 대 이스라엘 정부 사건[4)]

식당을 운영하는 야코비안이 안식일이 시작된 이후인 2000년 8월

---

3) Handyman Co. vs. State of Israel(10687·02 ע"פ).

4) Yacobian vs. State of Israel(7264·02 ע"פ)

25일(금요일) 저녁 10시 이후에 욥바에서 영업을 했다는 이유로 기소되었다. 텔아비브 노동지방법원은 안식일의 개념을 유대민족의 종교적 전통에 따르지 않고 토요일이 밤 12시에 시작하는 것으로 해석하여 금요일 밤 10시에 행한 영업은 동법에 저촉되지 않았다는 피고 측의 주장을 받아들였다. 그러나 국가노동법원은 안식일을 유대민족의 종교적 전통에 따라 토요일 안식일이 금요일 해질 때부터 시작한다고 해석하여 텔아비브 노동지방법원의 판결을 기각했다. 이스라엘 사법부 내에서도 안식일 준수에 대한 해석이 다양함을 보여주는 사례이다.

(3) 키부츠 조레아 대 이스라엘 정부 사건[5)]

키부츠 조레아는 옷 가게를 두 개 운영했는데 안식일에 물품 거래를 하여 「영업시간 및 휴식법」 제9조와 제26조 위반으로 키부츠 조레아는 물론 이 키부츠와 물품을 거래한 6명의 유대인 상인들까지 예루살렘 노동지방법원에 기소되었다. 그러나 동 법원은 「영업시간 및 휴식법」 제9조가 공장에서 영업을 하는 것은 금지하나 물품을 거래하는 것까지는 금하지 않기 때문에 안식일 관련법을 위반한 것은 아니라고 판결했다.

5) Kibbutz Zorea vs. State of Israel(1043·98 תב"ע י־ם פ)

(4) 심하 미론 대 노동부 및 방송위원회 사건과 엘리주르 대 노동부 장관 및 방송위원회 사건[6)]

심하 미론(Shimcha Miron)과 엘리주르(Elizur)는 1970년 이스라엘 국영방송국이 안식일에 방송을 했다 하여 최고재판소에 행정소송을 제기했으나 대법원은 원고의 주장을 기각했다. 이스라엘 사법부는 안식일에 경제 활동과 영업은 금지하고 있으나 방송, 영화, 예술 등 문화 활동에 대해서는 관대한 입장을 보여주고 있다. 이스라엘 사법부가 유대민족의 종교적 전통을 존중하고 있으나 세속적 유대인의 세계관이나 입장도 고려하고 있음을 보여주는 사례이다.

(5) 이스라엘 극장 대 나타니야 시 및 기타 사건[7)]

1990년 이스라엘 극장은 나타니야 지역에 극장을 운영하고 있었는데 나타니야 시 당국이 안식일에 영화 상영을 금지하는 처분을 내렸다. 이스라엘 극장은 이러한 나타니야 시 당국의 조치가 부당하다는 행정소송을 최고재판소에 제기했다. 대법원은 판결에서 「영업시간 및 휴식법」에는 두 가지 목적이 있다고 판시했다. 첫째, 인간이 휴식을 취할 수 있는 사회적 목적과, 둘째, 이스라엘의 전통과 종교 규범에서 유래하는 안식일로서의 가치추구에 목적이 있다는 것이다. 그리고

---

6) Shimcha Miron vs. Labour Minister and Broadcasting Authority(H.C. 287·69)와 Elizur vs. Labour Minister and Broadcasting Authority(H.C. 80·70).

7) Israel Theater Co. vs. Netanya Municipality and others(H.C. 5073·91).

지방자치법 시행령에서 문화와 교육의 필요에 따라 안식일에 유흥업소의 영업을 허용하고 있으며 영화 상영과 연극 공연은 문화 활동에 포함되므로 나타니야 시 당국의 결정에 하자가 있다고 판결했다.

(6) 이즈라맥스 주식회사 대 이스라엘 정부 사건[8]

이즈라맥스 주식회사는 라마트간 지역에서 주유소를 운영했는데, 안식일에 영업을 하여 라마트간 시의 '영업의 개점과 폐점 조례'를 위반했다는 이유로 텔아비브 지방법원 라마트간 지원에 기소되어 유죄판결을 받았다. 그러나 동 사건에 대한 상고심(지방법원과 대법원)에서 첫째, 주유소는 상점이 아니며 둘째, 라마트간의 조례가 순전히 종교적인 목적으로 남용되었다는 이유로 이즈라맥스 주식회사의 무죄를 선고했다.

(7) 디자인 22 주식회사 대 로젠즈위그 쯔비카, 상무부 및 기타 사건[9]

디자인 22 주식회사는 가구회사로서 2003년 당시 이스라엘 전국에 있는 지점에 18명의 유대인 종업원을 고용하여 안식일에도 쉬지 않고 휴일 없이 영업을 하고 있었다. 동 회사는 「영업시간 및 휴식법」과

8) Izramax Co. vs. State of Israel(217·68 ע"פ).

9) Design 22 Co. vs. Rosenzwig Tzbiqa, Minsitry of Trade and Commerce and others (H.C. 5026·04).

동 시행령을 위반했다는 이유로 관계당국에 의해 2003년 15,000세겔의 벌금이 부과되었다.

디자인 22 주식회사는 「영업시간 및 휴식법」과 동법의 시행령이 1992년 제정된 「인간의 존엄과 자유 기본법」과 「직업의 자유 기본법」에 위배되는 위헌법률이라고 주장하여 대법원에 위헌심판청구소송을 제기했다. 이에 대해 아론 바락 대법원장은 2005년 4월 4일 27페이지에 달하는 장문의 판결문에서 「영업시간 및 휴식법」을 첫째, 노동자의 권리를 보장하고 국민의 사회 복지를 증진시키는 측면과 둘째, 유대민족의 민족적·종교적 전통의 차원에서 해석해야 하기 때문에 「영업시간 및 휴식법」에 따른 당국의 벌금부과 조치에 하자가 없다고 판결했다.

5) 안식일 규범의 준수실태

그렇다면 이스라엘의 유대인들은 안식일의 종교 규범을 어느 정도 준수하고 있는가? <표 8>과 <표 9>를 보면 이스라엘의 유대인 응답자 중 50% 내외가 안식일에 일을 하지 않으며, 금요일 저녁이 되면 안식일을 준비하여 안식일 촛불을 켜고 포도주와 안식일용 빵으로 축복기도를 한다고 답했다. 그리고 41~42%는 안식일에 경제활동 또는 일을 하지 않는 것으로 나타났다. 그러나 매주 안식일에 회당에 가서 기도하는 비율은 24~25%이다. 현대 이스라엘의 건국은 폴란드와 러시아 등 동구권의 세속화된 유대인들이 주도적으로 19세기 말부

<표 8> 이스라엘 유대인들의 안식일 규범 준수도(%, 1996)

안식일 규범	항상 준수	가끔 준수	지키지 않음
안식일에 촛불 켬	56	22	20
안식일 키두쉬(축복기도) 드림	46	21	32
매주 안식일에 회당에 가서 기도함	23	22	56
안식일에 일하지 않음	42	19	39

* 자료: Elazar(1996).

<표 9> 이스라엘 유대인들의 종교 규범 준수도(%, 2000)

안식일 규범	응답률
안식일 특별 만찬 준비	55
안식일에 촛불 켬	51
안식일 키두쉬(축복기도) 드림	48
안식일에 경제활동을 하지 않음	41
안식일에 차를 타지 않음	27
매주 안식일에 회당에 가서 기도함	25
안식일에 전깃불 켜지 않음	24

* 자료: Levy, Levinsohn and Katz(2002).

터 시온주의 운동을 추진하여 이루어진 것인데 형식적이나마 안식일을 지키는 비율은 상당한 수준임을 알 수 있다.

4. 요약 및 결론

이 글에서는 유대교의 대표적인 음식 금기인 돼지고기 금기와 안식일에 대한 금기와 관련된 입법 과정과 사법부의 판결 내용을 중심으로 유대교의 돼지고기 금기와 안식일의 법규범화를 살펴보았다.

유대교의 음식 및 안식일 금기에 대한 법규범화는 영국의 위임통치 시대 유대민족의 지도자들에 의해 시도되었으나 국가가 직접 개입하는 법규범화는 1948년 이스라엘의 독립 이후 진행되었다.

1948년 이스라엘이 독립하고 난 후 이스라엘 시민권을 보유하게 되었던 아랍 기독교인은 관례대로 돼지를 사육하고 돼지고기를 판매했다. 그러나 이스라엘 국민들로부터 유대국가의 정체성 확립에 대한 요구가 증대됨에 따라 이스라엘의 의회와 사법부는 돼지의 사육과 돼지고기 판매에 관한 문제를 거론하기 시작했다. 이에 이스라엘 의회인 크네세트는 1956년 지방자치법(특별위임)을 제정하여 지방자치단체가 돼지의 사육과 보유 그리고 돼지고기 및 그 가공품에 대한 판매를 제한 또는 금지하는 조례를 제정하여 시행토록 했다. 그리하여 1970년대까지는 돼지 금기 관련 법규의 적용에 큰 변화가 없었고, 종교 정당이 1980년대 중반부터 돼지고기 금기를 강제하는 입법을 시도했으나 뜻을 이루지 못했다.

이후 돼지 금기와 관련된 대한 법규범에 대한 논의가 활성화되고 사회적인 이슈가 되었던 요인으로는 1989년 이후 유대인들의 대대적인 귀환과 이스라엘 사법부의 기본인권 규범의 강화 노력을 들 수 있다.

1989년부터 구소련 지역에서 대대적으로 귀한하기 시작한 유대인들은 2000년까지 88만 5,850명 정도가 이스라엘로 돌아왔다. 이들 중 상당수는 기독교인이거나 세속화된 유대인들로서 돼지고기를 먹고 있었다. 이로 인해 이들이 정착하는 도시와 마을의 인적 구성과 주민들의 음식 문화는 큰 변화를 겪었고, 돼지고기 판매 및 구매 관행도 증가했다. 이에 일부 지방자치단체가 돼지고기의 판매를 제한하는 입법조치를 취했고, 여기에 돼지고기 소비자들이 사법부에 소송을 제기하면서 사법부가 돼지고기 금기에 관련된 사안에 개입하게 된 것이다.

그리고 이스라엘 사법부는 1990년대 초반부터 국민의 기본권을 강화하는 법의 제정을 추진했다. 아론 바락 전 대법원장을 수장으로 한 이스라엘 대법원의 주도로 1992년 「인간의 존엄과 자유 기본법」과 「영업의 자유 기본법」이 제정되었다. 이 두 기본법은 국민의 인권을 보장하는 헌법 체계로서 종교적인 규범을 국가적으로 강제하는 것을 제한하는 근거로서 기능했으며, 돼지고기와 안식일에 관련된 법규범의 변화에 선도적인 역할을 수행했다.

이러한 맥락에서 최고재판소로서의 이스라엘 대법원은 2004년 3개 지방자치단체에 대한 소송 사건에서 돼지고기 판매에 관련된 중요한 판례를 남겼다. 대법원은 동 사건들의 판결문에서 1992년 제정된 「인간의 존엄과 자유 기본법」과 「영업의 자유 기본법」에 근거하여 국민의 돼지고기에 대한 종교적, 민족적 정서와 정체성을 고려해야 되지만, 이러한 요소가 사상과 종교의 자유, 영업의 자유 등 개인의 인권과 조화를 이루어야 한다는 새로운 법규범을 제시했다.

유대민족의 또 다른 핵심적인 종교 규범인 안식일 준수와 이러한 규범의 법 제정 노력은 1880년대 이후 유대인들이 팔레스타인 땅에 귀환하여 유대민족 공동체인 이슈브를 형성하는 것과 동시에 꾸준히 계속되었다. 유대민족 지도자들은 영국의 위임통치 당시 다수의 유대인이 거주하는 지역에서 지방자치단체의 조례와 규칙에 안식일을 공휴일로 제정하여 안식일 금기의 법규범화를 시도했으나, 영국 관할 법원은 이를 인정하지 않았다.

그러한 1948년 이스라엘이 독립을 쟁취한 후 구성된 과도정부 의회에서 안식일이 공식적인 유대 공휴일임을 선언하는 법안이 통과되었고 1951년에는 노동당의 주도로 안식일에 관한 법안이 제정되었다. 하지만 이는 종교적인 안식일 준수를 위한 것이 아니라 노동자의 사회복지 차원에서 노동자들에게 계속적인 노동에서 벗어나 신체적인 휴식을 취할 수 있도록 하기 위한 것이었다.

1964년에 제정되고 1990년에 개정된 안식일 관련 지방자치단체 조례 및 규칙은 안식일에 상점, 영업시설, 그리고 유흥업소의 영업을 금지하고 있다. 그리고 1990년 안식일 관련 조례 및 규칙 개정은 지방자치단체가 동법 시행령에서 종교적인 요소를 반영토록 했다. 특히 2001년 제정된 「공공건물 및 숙박업소 건물의 승강기 설치법」은 안식일에 종교적인 의미를 부여하여 안식일을 범하는 것을 방지하기 위한 것이었다. 이렇게 1950년대와 1960년대의 안식일 관련 법안의 입법은 주로 세속 정당인 노동당의 주도로 이루어졌으나 1990년대 이후 진행된 유대교 음식율법과 안식일 관련 법안의 입법 노력은 종교적인 차원에서 시도되었으며, 종교적인 규범을 국가가 강제할 수 있도록 강화한 것이다.

제3장

이슬람법에서의 허용과 금기

이원삼 | 선문대학교

1. 들어가는 말

이슬람에서는 허용된 것을 '할랄(ḥalal)', 금지된 것을 '하람(ḥarām)'이라고 부른다. 일반적으로 이슬람법은 복잡하고 금기시하는 것이 많은 까다로운 종교법이라고 오해받고 있다. 그러나 코란이나 예언자 무함마드의 언행록인 하디스(ḥadīth)에서는 특별히 금지된 것 몇 가지를 제외한 모든 행위는 허용된다고 말하고 있다. 즉, 이슬람법은 복잡하고 까다로운 것처럼 보이지만 우리에게 생소한 몇 가지 금기 사항을 제외하면 모든 것이 허용되어 있는 것이 기본이다.

그런데 우리가 종종 이슬람권을 이해하지 못하고 당황하게 되는 것은 이슬람교가 정교일치이기 때문에 믿음과 행동으로 구성되어 있어 종교와 세속적 사항들이 섞여 있기 때문이다. 즉, 이슬람은 단순한 신앙체계(종교)만이 아니라 정치, 경제, 사회, 문화 등 인간생활 전반을 포함하는 생활양식이며 고도의 복합적인 문화로서 종교와 세속 쌍방을 포괄하는 신앙과 실천의 세계이다.

이슬람교가 정교일치로서 믿음과 행동으로 구성되어 있다는 것은 곧 샤리아(Sharī'a, 이슬람법)와 믿음으로 구성되어 있다고 할 수 있는데, 이 둘의 관계는 그 영역이 서로 확연히 구분된 것이 아니라 상호 보완적인 형태를 유지하고 있다. 즉, 믿음은 이슬람법을 포함하고 있으며 이슬람법은 믿음을 기초로 하고 있다. 따라서 이슬람법은 다른 문화권의 실정법보다 좀 더 광범위해 도덕론까지 포함하고 있어 법인 동시에 믿음이고 윤리이며 사상인 것이다. 이것을 잘 나타내고 있는 것이 이슬람법에서의 인간행동구분이다. 이슬람법은 인간의 행동을 다섯 가지로 구분해놓고 있다. 행위에 태만하면 벌 받는 것(의무), 의무는 아니지만 되도록 실행이 요구되는 것(장려), 실행할 것인지가 개인의 선택에 위탁되어 있는 것(허락), 금지된 것은 아니지만 되도록 실행하지 말 것을 요구하는 것(기피), 행위를 실행하면 벌을 받는 것(금지)이 바로 그것이다.

이것을 우리 입장에서 보면 의무와 금지는 위반자를 벌한다는 점에서 우리의 실정법의 규정에 가깝고, 장려와 기피는 강제하지 않는다는 점에서 윤리 규범에 가깝다. 허락은 주로 식사나 생리 현상에 관한 행위로서 인간의 자연적 행위를 말하고 법적으로나 윤리적으로 중립이고 무가치다. 따라서 실정법 규범에는 일반적으로 어울리지 않는 것이다. 인간 행위에 대한 샤리아의 규정은 이러한 다섯 가지의 범주로 구분된다.

실정법에서 정의의 이념은 민의에 따라 합리적으로 실행 가능한 형식으로 구체화하는 데 반해서 샤리아는 신의 뜻을 나타나는 법원, 즉 코란, 하디스, 합의 그리고 유추라는 논리적인 방법에 의해서 연역되는 이념적인 행위규범이다.

그러므로 서구 실정법에 익숙한 사람들은 이슬람법에 접근하는 것이 쉽지 않다. 이슬람법에서 사용되는 개념들을 실정법 개념들로 설명하는 것이 쉽지 않기 때문이다. 이러한 이유로 인해 아랍어 이외의 언어로 이슬람법을 풀이할 때도 이 학문에 대한 이름 또는 제목을 외국어로 번역해서 보급하려는 것이 망설여지게 된다. 샤리아를 이슬람법으로 단순히 번역하여 사용하기에는 이 단어가 서구의 법 이론보다 좀 더 광범위하며 전체적으로 묘사하는 데 한계가 있기 때문에 샤리아라는 본래 이름으로 불리는 것이 일반적이다.

2. 허용과 금기의 근원인 이슬람법

이슬람법 샤리아는 이슬람 초기부터 발전되고 정리되어 여러 시대를 거쳐서 이슬람 규범을 도출하는 데 응용되었다. 따라서 무슬림의 일상생활에서 허용과 금기 사항을 만드는 데에 자연스럽게 관여하게 되었다. 그러므로 무슬림이 그들의 신앙에 맞춰 세상을 살기 위해서는 이슬람법에 대한 지식을 필요로 한다. 그러나 타 문화권 입장에서 이슬람 문화권을 볼 때 모든 무슬림이 법규범을 잘 안다는 것이 현실적으로 어려운 일이 아닌가 하고 의아해한다. 실제로 그것은 어려울지도 모른다.

그러나 이슬람에서는 믿음과 법이 따로 존재하는 것이 아니라 믿음이 곧 법으로서 규범화되어 있기 때문에 법규범을 체화할 수 있다. 즉, 믿음에서 제일 중요한 경전인 코란과 하디스 공부를 생활화하고 있고, 이 경험이 그대로 이슬람 법규범이 되는 것이다. 그러므로 무슬림들은 법 공부를 따로 하는 것이 아니라 자연스러운 신앙생활을 통해 그들의 규범을 익혀간다. 결국 코란과 하디스 공부는 법학자들뿐만이 아니라 모든 일반 사람에게도 필수적이다. 왜냐하면 이것은 일반적인 법의 문제가 아니라 믿음의 문제이기 때문이다. 이와 같이 샤리아는 무슬림의 모든 언행을 규범화하고 있어 이슬람 사회에 강한 영향을 미치고 있다.

이슬람 문화권에서는 법뿐만이 아니라 모든 학문의 근원이 코란과 하디스로부터 비롯된다. 따라서 무슬림의 믿음의 실천 문제, 즉 규범 이해의 문제는 법학만이 아니라 철학, 사회학, 정치학, 인류학, 역사학, 심리학 등 다른 인문사회과학 분야에서도 자기 학문의 대상으로 할 수 있다는 것을 주지할 필요가 있다. 그러므로 이들 학문의 연구에 샤리아의 방법론이 응용되고 있음은 말할 것도 없다. 따라서 이슬람법은 지금 지구상에 존재하는 다른 실정법들과 상당한 차이점이 있고 그 때문에 실정법을 이해하는 시각으로는 설명하기 힘든 특징이 있다.

이슬람법(샤리아)은 간혹 해외 토픽에서 간음하면 돌로 쳐 죽인다든지 도둑질하면 손을 자른다든지 하는 등의 일반인의 호기심을 자극하는 면만 소개되어 있을 뿐, 그 법의 진면목은 전혀 알려지거나 연구되어 있지 않은 것이 우리나라의 실정이다.

그러므로 우리와 지리적으로 가까이 인접해 있는 58개국 이슬람 문화권의 일상생활 및 사상과 철학을 이해하기 위해서는 이슬람법에 대한 이해가 필수적이며, 특히 이슬람 문화권에서의 허용과 금기에 관해서 알고 싶다면 반드시 알아야 할 사항이다. 즉, 이슬람법에서 어떤 원리와 방법으로 의무와 금기를 정하고 실천하고 있는가를 살펴보아야 하는 것이다.

무슬림은 공통적으로 이슬람법이야말로 인간의 모든 언행을 판결할 수 있는 보편적이고 완벽한 것이라고 주장한다. 따라서 지금도 이슬람권에서는 이슬람법이 사회를 지배하고 있다고 해도 과언이 아니다. 설사 이슬람법이 무슬림 국가의 실제 생활 모두를 규제하지는 않는다 해도 이념적으로는 무슬림의 생활 전반을 규제하는 종교적 규범이다. 샤리아의 목적은 인간의 언행에 규범을 적용시키는 것이기 때문이다.

이슬람에서 하나님이 이러한 규범을 제정한 목적은 인간의 복리를 위한 것이다. 이 복리란 인간을 위해 이익(利益)을 초래하는 것 또는 인간으로부터 해를 제거하는 것 중 어느 한쪽이다. 그러므로 복리는 이슬람에서 죄를 처벌하는 기본 원칙 중 하나이다. 샤리아에서 복리는 코란과 하디스(순나)에 기초한 행위이다. 그러므로 이슬람의 모든 규범은 인간의 복리를 담고 있으며, 샤리아의 현안은 아직 발견되지 않고 숨겨져 있는 이 진정한 복리를 실천하는 것이다(Muḥammad Abu Zahrah, 1997: 31~33).

이슬람에서 유의하는 복리는 다섯 가지 측면, 즉 종교, 생명, 이성, 명예, 재산 보존에 관한 것으로 압축할 수 있다. 인간의 생활에서 이 다섯 가지가 인간 복리의 가장 기본이므로 인간이 평화와 안전과 만족을 느낄 수 있도록 이러한 사항들은 보존해야 한다는 것이다. 때문에 종교의 보존을 위해 종교 말살을 위한 도전 행위를 금지했고, 생명의 보존을 위해 살인과 인간 육체에 대한 상해를 금지했으며, 이성을 보존하기 위해 음주와 환각을 금지했고, 명예를 보존하기 위해 간음과 순결에 대한 중상모략을 금지했고, 재산을 보존하기 위해 절도와 약탈을 금지했다. 이와 같이 복리에 대한 모든 침해는 범죄로 간주되며 이슬람은 이러한 범죄에 대해 형벌을 가하고 있다.

이슬람법, 즉 샤리아의 언어적인 정의는 두 가지인데, 그 첫 번째는 마실 수 있는 물의 원천지라는 뜻이며, 두 번째는 올바른 길 혹은 똑바른 길이라는 뜻이다. 즉, 인간에게는 따라가야 할 길이 있고 그것은 인간의 개인적 사유(思惟)나 생각과는 다른 것이며 신이 계시로 정한 명령이요 진리이고 인간은 다만 그것을 받아들여 그것에 복종해야 하는 것을 뜻한다. 신은 그러한 길을 예언자를 통해서 계시해왔다. 따라서 인간은 단지 그것을 이해하여(이것이 후에 법학을 의미하게 될 '피끄'라는 말의 언어적 의미) 복종하는 것뿐이다.

이슬람에 있어서 신은 유일하고, 절대적이고 전지전능하신 분이며 우주의 창조주이고, 인간과 역사의 절대적 지배자이며, 동시에 인간에게 있어서 자비롭고 자애로운 존재이다. 따라서 끊임없이 신에게 순종하고 신의 뜻을 이루려고 행동하고 생활하는 것에 인간의 안전이 있고 참된 실존이 있으며 내세의 구원이 있다. 신에게는 인간 이성의 척도가 통용되지 않는다. 있는 것은 오직 신의 말씀이고 인간이 의존할 수 있는 것은 그것뿐이다. 따라서 어떠한 이유이든 신의 말씀을 거역하여 그의 노여움을 사는 행위는 죄이고 악이며 불의일 뿐 아니라 어리석은 것이다.

만약 죄를 범하면(신의 명을 거역하면) 그것을 솔직하게 회개하여 속죄하고 신의 용서를 빌고 신과 화해해야 한다. 인간과 신과의 관계는 이렇게 인격적인 것이어야 하며 그것은 본래 직접적, 절대적, 무조건적인 것이다. 그 사이에 다른 사유나 동기가 들어가면 안 된다. 이슬람이란 바로 그러한 인간이 신으로의 귀의를 나타내는 것을 의미하며, 샤리아란 인간이 신에게 '이슬람(복종, 귀의)'하는 신앙표출의 외적 형식이다.

그러므로 이슬람에서의 주권자(법판단을 주는 자)는 신뿐이다. 따라서 엄밀한 의미의 입법자란 신을 의미한다. 그 결과 신의 말씀과 신의 의지가 직접적으로 나타나는 코란이 당연히 제일의 법원이 된다. 여기에 순나, 이즈마(합의), 끼야스(유추)가 따르고, 네 개가 순니 법학파 사이에 공통의 법원으로서 인정받는다.

서구 학자들은 대부분 샤리아가 매우 보수적이고 폐쇄적이며 경직되어 있고 냉혹하다고 규정한다. 그 근거로 샤리아는 발전의 과정을 거부하고 있으며, 각 시대에 새롭게 생기는 현상을 그 시대의 정신으로 치유하고 있지 않다는 것이다. 그러나 무슬림들은 샤리아에 변화가 없는 것이 바로 샤리아의 영원성과 완벽성을 증명하는 것이라고 주장한다. 그렇다면 어떻게 전혀 변화가 없는 샤리아가 13세기 동안 다양하게 변화하고 발전한 많은 사회 문제에 대응할 수 있는가. 낙타를 타고 다니던 시대의 논리를 지금의 컴퓨터 시대에 그대로 적용할 수 있을까? 이것은 불가능한 것이 아닌가?

무슬림들은 하나님의 말씀이 완전한 것이기 때문에 영원하고 보편적이며 변화를 허용하지 않는다고 주장한다. 이것은 이슬람 신앙을 유지하는 기본 사상이지만, 이것만을 주장하는 일부 무슬림의 무지로 인해 위의 서구 학자들의 견해처럼 이슬람에 대해 너무나 부정적인 인식을 갖게 되는 결과가 발생한다. 그러나 샤리아에는 인간 사회가 발전하고 시간과 공간이 변함에 따라 샤리아가 이 변화에 적용한 유연성과 확장성의 법칙이 있다.

샤리아에서는 코란과 순나를 통해 하나님이 직접 허용하거나 금기한 계시들에 대해 어떠한 변화도 허용하지 않고 있다. 반면에 하나님은 종교 수행을 하는 그의 종복들에게 사랑과 편리함을 줄 뿐만 아니라 고통도 부정하고 있다. 이 샤리아 정신이 13세기 동안 이슬람 세계에서 있었던 법 제정과 판결, 법령의 기본 요소이다. 이 기간 동안 샤리아의 운영 과정에는 수많은 사상, 종족, 문화 등과의 접촉이 이루어졌고 그 시대에 새롭게 발생하는 문제점을 나름대로 치유해왔다. 샤리아의 기본이 되는 종교적 구절이 이슬람 공동체를 바르게 이끄는 등불이 되었다. 즉, 샤리아의 구절은 각 시대마다 새롭게 발생하는 문제와 여러 종류의 환경에 확장·응용되어 그 시대의 문제들을 치유하고 그 환경에 응용될 수 있는 유연성을 갖추고 있는 것이다.

그러나 그 시대의 문제들을 치유하고 그 환경에 응용될 수 있는 유연성은 인간의 창조적 해석을 필요로 하며 이 인간의 창조적 해석은 가변적이고 역사적이다. 즉, 유한한 인간의 해석인 이상 이들로부터 나오는 결론은 필연적으로 역사적, 문화적 제약하에 있다. 또한 인간이므로 해석의 과정에 과오를 범할 수도 있다. 그러나 이슬람에서는 그러한 과오도 주관적인 의도가 옳으면 용인된다. 그러므로 샤리아의 현 실태를 절대화하여 고정시키는 것은 잘못이다.

이념으로서의 샤리아 그 자체는 부정할 수 없지만 인간이 신의 권위 아래에서 샤리아의 현 실태를 개변하는 것은 당연한 것이다. 이것이 바로 샤리아의 영원성과 유연성이다. 이것은 신의 명령을 임의적으로 바꾸는 것이 아니라 어디까지나 신의 명령을 대하는 인간의 낡은 해석이나 현실에 적합하지 않는 해석을 바꾸는 것이다. 왜냐하면 인간의 궁극적인 기준 또는 판단의 최종적인 기준은 신 그 자체이기 때문이다.

3. 법판단(ḥukm)

1) 정의

이슬람에서 허용과 금기에 대한 법판단(al - ḥukm al - shar'ī)이란 무슬림의 행위에 관해 요청·선택·설명의 형식으로 된 입법자(하나님)의 말씀(khiṭāb)이다. "약속의 의무를 다하여라"(코란 5:1)라는 하나님의 말씀은 약속의 이행에 관해 그 실행을 요구하는 입법자(하나님)의 말씀이다. "다른 백성들을 비웃지 마라"(코란 49:11)라는 하나님의 말씀은 타인에게 조소를 하지 말도록 요구하는 입법자의 말씀이다. "만약 너희가 하나님의 규정을 지키지 못할 것을 두려워하여 여인이 자유를 얻기 위해 주는 것은 너희 양자에게 죄가 되지 않노라"(코란 2:229)라는 하나님의 말씀은 남편이 아내로부터의 이혼을 인정하는 대신에 그 대가를 그녀로부터 받아들이는 것을 양자의 선택에 맡긴다는 입법자의 말씀이다. 그리고 "살해자는 상속받지 못한다"라는 예언자 무함마드의 말씀은 살인이 상속을 방해한다는 것을 설명하는 입법자의 말씀이다.

요청·선택·설명 형식으로 되어 있는 입법자의 원전(코란, 하디스) 그 자체가 이슬람에서는 법판단이다. 이것은 오늘날 재판 실무의 용례(用例)와 같은 것으로서, 여기에서의 판단이란 용어는 재판관으로부터 나온 원전을 의미한다. 따라서 '재판의 논리는 이러이러하다' 또는 '여러 가지다'라고 기록되어 있거나 그 문제는 판단의 판례로서 나타나 있다' 등으로 기록되어 있다.

반면에 법학자들의 용어에서 법판단이란 의무(wujūb), 금지(ḥurmah), 허락(ibāḥah) 등과 같이 인간의 행위에 대해 입법자의 말씀이 나타내는 결과(athar)이다. "약속의 의무를 다하여라"(코란 5:1) 하는 하나님의 말씀은 약속 이행에 대한 의무를 요구하는 것이다. 법리론 학자들에게는 원전 그 자체가 판단이지만, 법학자들에게는 이행의 의무성이 그 판단이다. "간음을 가까이 하지 마라"(코란 17:32)라는 하나님의 말씀이 법리론 학자들에게는 판단(규범)이지만 법학자들에게는 간음을 가까이하면 안 된다는 금지가 판단이자 규범이 된다.

법리론 학자들이 내린 법판단의 정의는 무슬림들의 행위에 대한 입법자의 말씀이다. 그렇다고 해서 법판단의 근거가 원전에만 한정되어 있고 이즈마(합의), 끼야스(유추) 등 다른 법원 등은 그 근거가 되지 못한다는 의미는 아니다. 왜냐하면 원전을 제외한 다른 법원들은 직접적인 하나님의 말씀은 아니지만 본질적으로 입법자의 말씀이기 때문이다. 그러므로 법리론에서 요청·선택·설명 형식으로 인간의 여러 행위와 관계된 법원은 모두 법판단, 즉 법규범이다.

2) 허용과 금기 행위의 구분

이슬람에서 법판단은 인간 행위와의 관계에서 요청·선택·설명 등의 형식으로 되어 있다는 것은 이미 설명한 바와 같다. 그러므로 법판단의 종류가 한 가지가 아니라는 것을 알 수 있다. 따라서 법리론 학자들은 요청·선택의 형태로 인간 행위와 관계되어 있는 판단을 부과적 판단(al-ḥukm al-taklīfī)이라 부른다(Muḥammad al-khaḍarī, 1988: 19).

부과적 판단이란 인간이 행위를 실행에 옮기거나 또는 하지 않도록 요구하는 것이며, 또는 인간 행위의 실행 또는 미실행의 선택을 요구하는 것을 의미한다. 예를 들어 인간 행위의 실행을 요구하는 경우 "그들의 재산 희사를 받아라"(코란 9:103), "순례는 하나님에 대한 인간들의 의무이다"(코란 3:97), "믿는 자들아, 약속의 의무를 다하라"(코란 5:1) 등의 코란 구절을 의미한다.

행위를 하지 말도록 하는 예는 "다른 백성들을 비웃지 마라"(코란 49:11), "간음을 가까이 하지 마라"(코란 17:32), "너희들에게 금지되어 있는 것은 죽은 고기, 피, 돼지고기가 있느니라"(코란 5:3) 등의 하나님 말씀이 있다.

선택을 요구하는 예는 "너희들에게 허용되었다면 사냥하라"(코란 5:2), "예배가 끝났으면 지상에 널리 퍼져 하나님의 은혜를 구하라"(코란 62:10), "너희들이 지상을 여행할 때 예배를 단축해도 죄가 되지 않느니라"(코란 4:101) 등이 있다.

이러한 것들을 부과적 판단이라고 부르는 이유는 인간들이 어떤 행위를 실행에 옮기거나 또는 하지 않아야 할 것을 의무로서 부과하는 것으로서 인간들의 행위 요구나 금지가 명백하기 때문이다.

이상에서 우리는 부과적 판단의 특징을 알 수 있다. 첫째, 부과적 판단의 목적은 인간이 행위를 실행에 옮기거나 또는 실행에 옮기지 않도록 요구하는 것이거나, 또는 실행 또는 미실행의 선택을 요구하는 것이다. 둘째, 부과적 판단에서의 실행과 선택의 요구는 무슬림의 능력 범위 내에서만 이루어진다. 왜냐하면 인간 능력의 정도를 벗어나는 것이라면 그것의 이행이나 선택을 할 수 없기 때문이다.

이와 같은 사안은 현대 실정법에서도 쓰이고 있다. 예를 들어 임차인은 정해진 시기에 임차료를 지불해야 한다는 실정법은 행위의 실행을 요구하는 부과적 판단이고, 임대인은 임차인이 그의 임차물 이용을 방해하면 안 된다는 실정법은 행위의 중지를 요구하는 부과적 판단이다. 또한 임차인은 임대 계약을 해약하거나 전매할 권리를 갖는다. 이것은 그것을 무효로 할 수 있는 합의가 없는 한 임대 대상물 전부 또는 일부에 대해 인정한다고 했을 경우도 선택을 요구하는 부과적 판단이다.

허용과 금기 행위의 구분인 부과적 판단은 의무(ījāb), 장려(nadb), 금지(taḥrīm), 기피(karāhah), 허락(ibāḥah)으로 구분할 수 있다. 어떤 행위의 수행을 요청할 경우 그 요청이 강제적이면 의무(ījāb)이고 강제적이지 않으면 장려(nadb)이다. 또한 어떤 행위를 하지 말라고 요청할 경우 그것이 강제적이면 불법으로 금지(taḥrīm)[1]하는 것이며, 만약 삼가는 요청이 강제적이지 않으면 그것은 기피(karāhah)할 것을 요구하는 것이다. 마지막으로 행위의 실천 선택을 행위자에게 맡긴 것은 허락(ibāḥah)이다.

그러므로 실행을 요구하는 것은 의무 행위와 장려 행위 두 가지이

---

1) 보통 하람(ḥarām)이라고 불린다.

고, 실행을 삼가도록 요구하는 것은 금지 행위와 기피 행위 두 가지이다. 또한 실천을 선택할 수 있는 것은 허락 행위이다. 따라서 우리가 일반적으로 다루어야 할 이슬람 문화권에서의 허용과 금기도 이슬람법에서 규정한 다섯 가지 행동규범으로 나누어 다루어야 한다.

왜냐하면 우리 입장에서 볼 때 의무와 금지는 위반자를 벌하는 점에서 실정법의 규정에 가깝고 장려와 기피는 강제하지 않는다는 점에서 윤리 규범에 가까우며 허락은 실정법 규범에는 일반적으로 어울리지 않는 것이라 할지라도 실제 무슬림들의 생활에서 장려와 기피가 의무와 금지로서 관습화되어 있는 것이 많기 때문이다. 예를 들어 기피는 설사 벌을 받지 않는다 할지라도 일반적으로 무슬림들의 생활 속에서 금기시되는 그들의 윤리 규범이며 그 반대인 장려의 경우도 마찬가지이다. 즉, 무슬림들의 일상생활 속에서의 관습적인 금기와 이슬람법에서의 금기가 정확하게 일치하지 않는다. 그러므로 관습적인 금기는 이슬람 권내에서도 지역적인 차이가 나고 있으나 이슬람 법적 금기는 대체적으로 공통적이다. 따라서 우리는 이 다섯 가지의 인간 행위에 대한 샤리아의 규정을 논함으로써 무슬림의 법적 허용과 금기뿐 아니라 지역적인 관습적 금기의 차이도 알게 될 것이다.

(1) 의무 행위

이슬람에서 의무 행위(wājib)란 입법자(하나님)가 무슬림에게 실행을 요구하고 있는 행위이며, 그 실행이 강제적(ḥatman)인 것이다. 즉, 요청의 형식 자체가 강제성을 띠고 있는 경우 또는 실행에 옮기지 않았을 경우 처벌을 규정하고 있거나 별도의 법적 근거를 갖고 있는 경우를 의미한다.

단식이 의무인 것은 "너희들에게 단식이 정하여져 있다"(코란 2:183) 처럼 단식을 요청하는 형식이 강제적이기 때문이다. 아내에게 혼납금을 주는 것도 의무이다. 왜냐하면 "너희들이 그녀들로부터 만족하면 그녀들에게 의무로서 보수를 주어라"(코란 4:24)라는 하나님의 말씀 때문이다. 그 밖에 예배, 자카트의 지불, 순례, 부모에 대한 효도 등은 어떤 제한도 없는 명령 형태로 되어 있다. 이는 그 행위의 실천이 강제적인 것을 의미한다. 그러므로 이것을 실천하지 않았을 경우 그에 따르는 처벌을 받게 된다. 따라서 입법자(하나님)가 행위를 요구할 때 문맥상 그 요구가 강제적일 경우 그 행위는 의무 행위이다.

의무 행위는 다시 네 가지로 구분된다. 먼저 행위를 이행하는 시간에 따라 정해진 시간에 이행하는 것과 시간이 정해지지 않고 무제약적(muṭlaq)인 것으로 나뉜다. 즉, 정시(定時)의 의무 행위와 부정시(不定時)의 의무 행위가 있다.

정시의 의무 행위(al - wājib al - mu'aqqat)란 하나님이 무슬림의 행위 이행을 특정 시간에 하라고 강제하는 것을 의미한다. 예를 들면 하루 다섯 번의 예배는 그 각각의 예배를 특정 시간에 이행하도록 정하고 있다. 따라서 특별한 이유 없이 그 전이나 후에 하면 죄가 된다. 라마단 달의 단식도 마찬가지로 특별한 이유 없이 그 전이나 이후에 하는 것을 허용하지 않는다. 이와 같이 입법자가 행위의 이행 일시를 정해 놓은 의무 행위는 정해진 일시에 이행해야만 한다.

부정시의 의무 행위(al - wājib al - muṭlaq 'an al - tawqīt)란 하나님이 무슬림의 행위 이행을 강제적으로 특정 시간에 하도록 정하지 않은 것이다. 예를 들어 선언(yamīn)을 한 후 그것을 어긴 사람에게 부과하는 속죄 행위(kaffārah)는 특정 시간을 정하지 않고 있다. 만약 위반자가 원해서 위반 직후 바로 속죄하면 좋겠지만 나중에 해도 상관없다.

순례의 경우 능력이 있는 자들에게는 의무 행위이지만 이것의 이행을 특정한 해〔年〕에 하도록 된 것은 아니다. 그런데 이 경우는 두 가지로 이해할 수 있다. 순례를 특정한 해에 하도록 되어 있지 않다는 면에서는 부정시의 의무 행위이지만 특정 달〔月〕에만 이행해야 한다는 면에서는 정시의 의무 행위이다.

의무 행위를 정시의 의무 행위와 부정시의 의무 행위로 구분하는 것에서 우리가 주목해야 할 것은 정시의 의무 행위를 정당한 이유 없이 늦게 하는 것이 죄라는 것이다. 정시의 의무 행위에는 두 가지 의무가 있기 때문이다. 하나는 의무 행위를 이행하는 것이고 다른 하나는 그 의무 행위의 이행을 시간 내에 한다는 것이다. 그러므로 시간에 늦게 의무 행위를 하는 것은 두 가지 의무 중 하나를 다하지 못하게 되는 것이다. 즉, 의무 행위의 이행은 다했지만 다른 의무인 시간 내에 해야 한다는 것은 다하지 못한 셈이 된다. 그러므로 이유 없이 의무를 제시간에 이행하지 못한다면 죄를 범하게 된다. 그러므로 무슬림은 하루 다섯 번의 예배를 제시간에 하기위해 사무실이나 길거리에서도 예배를 보는 것이고 라마단 달의 단식도 라마단 달인 9월에 전 세계 무슬림이 동시에 시작하고 동시에 끝내는 것이다. 반면, 부정시의 의무 행위는 그것을 실행하는 데에 특정 시간이 정해져 있지 않기 때문에 자기가 하고 싶을 때 그것을 할 수 있으며 언제 그것을 하더라도 죄가 되지 않는다.

둘째, 의무 행위는 실행하는 주체와 관련해서 개인적 의무(wājib 'ainī)와 집단적 의무(wājib kifā'ī)로 나뉜다.

개인적 의무는 입법자가 인간 개개인에게 그 실행을 요구하는 것이며 타인이 이를 대행할 수 없다. 예를 들면 예배, 자카트, 순례, 약속의 이행, 음주나 도박을 벌하는 것 등이다.

집단적 의무란 입법자가 그 실행을 인간 개개인이 아닌 집단에게 요구하는 것을 의미한다. 그러므로 누군가가 그것을 이행했다면 그 의무는 이행한 것이 되어 다른 사람들이 그것을 이행하지 않아도 죄가 되지 않는다. 그러나 만약 누구도 이행하지 않았다면 그들 전체는 이 의무를 게을리 한 죄를 지게 된다. 예를 들면 선행을 권하고 악을 금하는 것, 능력 있는 사람에게 예배 또는 병원의 건설을 권유하는 것, 물에 빠진 자의 구출, 화재 진압과 의료, 인간이 필요로 하는 직업의 창출, 재판, 교시(fatwa)의 제시, 인사에 대한 대답, 증언 등이 여기에 해당된다.

이 의무들은 공동체의 누군가가 실행하도록 입법자가 요구하는 것이지만 공동체 구성원 개개인 모두 또는 특정 사람이 그것을 이행하도록 요구하는 것은 아니다. 왜냐하면 복리는 무슬림들 중 누군가가 그것을 실행하면 실현되는 것이지 모든 무슬림이 그것을 실행해야 하는 것은 아니기 때문이다.

이와 같이 집단적 의무의 실행은 공동체 구성원 전체에게 요구된다. 그러므로 공동체 전체가 집단적 의무를 다해야 하는 것이다. 따라서 스스로 능력이 있어서 집단적 의무를 이행할 수 있는 사람은 그것을 실행하는 것이 의무이고, 능력이 없는 사람은 능력 있는 사람에게 용기를 북돋아주어서 그것을 실행하게 해야 하는 의무가 있다. 그 결과 의무가 이행되면 구성원 전체가 죄를 면하게 되지만, 의무 사항을 태만히 하여 이행되지 않았을 경우 전체가 죄를 범하게 되는 것이다. 즉, 능력이 있어 의무를 이행할 수 있는 사람이 태만을 저지른 죄와 능력이 없는 사람들은 능력이 있는 사람을 북돋아 용기를 주는 행위를 태만히 한 죄이다. 이것은 의무를 이행하기 위해 서로 협력할 것을 요구하는 것이다.

예를 들어 물에 빠져 도움을 청하고 있는 사람을 목격했다고 했을 때, 목격자 중에는 수영을 잘해 물에 빠진 사람을 구조할 능력이 있는 사람이 있고 그렇지 못한 사람이 있을 것이다. 이때 수영을 잘하는 사람의 의무는 물에 빠진 사람을 구조하기 위해 최선의 노력을 해야 하는 것이다. 그리고 그 사람이 겁에 질려 스스로의 의무를 다하려고 하지 않을 경우 그것을 다하도록 그에게 의지를 북돋아주는 것이 수영을 못하는 사람의 의무이다. 이렇게 해서 그가 의무를 다하게 되면 누구에게도 벌은 없지만 만약 그가 의무를 다하지 않았다면 그 집단 전체가 죄를 범한 것이 된다.

집단적 의무를 이행하는 사람이 정해지면 그 사람에게는 집단적 의무가 개인적 의무로 바뀌게 된다. 만약에 수영을 잘하는 사람이

물에 빠져서 도움을 구하고 있는 사람을 목격한 경우, 사건을 목격한 사람이 한 사람인데 그 사람이 증언을 하게 된 경우, 시골에 의사가 한 사람밖에 없고 그 사람이 치료를 맡게 된 경우 등에서 집단적 의무를 이행할 책임이 있는 사람들은 그들 자신의 의무가 개인적('ainī)인 것으로 된다.

셋째, 의무는 양적인 면에서 한정적(muḥaddad)인 것과 비한정적(ghair muḥaddad)인 것으로 구분된다. 한정적 의무(wājib muḥaddad)란 입법자가 일정 양을 의무로서 정한 것이다. 그러므로 입법자가 정한 양을 다해야만 그 의무에 대한 자신의 책임을 다하는 것이다. 그 예로서 다섯 번의 예배, 자카트, 채무가 있다. 예배를 하는 사람은 각각 다섯 번의 예배에서 정하고 있는 일정 수의 라카트[2] 요건과 조건을 만족시킬 때까지 자신의 책임을 다한 것이 아니다. 자카트는 대상이 되는 각각의 재물에 대해 일정 양을 지불할 때까지는 그 책임을 다했다고 할 수 없다. 또한 구입자의 가격 지불, 임차인의 임차료 등 규정된 양을 지불해야 하는 모든 의무도 마찬가지이며, 자선 사업으로 일정 금액을 기부하겠다고 서약한 사람도 그 서약으로 인한 의무는 한정된 의무이다.

이에 반해 비한정적 의무(wājib ghair muḥaddad)란 입법자가 그 양을 정하지 않고 무한정 그 실행을 요구하고 있는 것이다. 예를 들면 하나님의 길을 가기 위해 재물을 사용하는 것, 서로 도와주고 자선 행위에

2) 예배 시 절하는 횟수.

힘쓰는 것, 서약으로 인해 의무가 된 것을 베풀기, 굶주린 자에게 음식 제공, 곤궁자의 구제 등 입법자가 양을 정하지 않은 의무 행위는 많다. 그 목적은 인간들의 필요(ḥājah)를 만족시키기 위함이다. 따라서 입법자는 그 양을 무한정으로 두고 있다. 이는 인간이 상황이나 상태에 따라서 필요로 하는 분량이 다르기 때문이다.

이 구분에서 한정적 의무는 필연적 책무가 되어 이행 책임이 발생하고 그 이행을 요구(muqāḍāt)도 할 수 있음을 알 수 있다. 그러나 비한정적 의무는 책무로서의 책임이 발생하지 않으며 그것의 이행도 요구할 수 없다. 책임은 한정될 때만 생기고 요구 역시 한정될 때에만 발생하기 때문이다.

아내에 대한 남편의 부양 의무나 근친자 상호 간의 부양 의무는 그 양이 정해져 있지 않기 때문에 원래는 비한정적 의무이다. 따라서 남편이나 근친자의 책임은 결정(qaḍā')이나 동의(同意, riḍā)가 없으면 발생하지 않는다. 또한 결정이나 동의가 있기까지 아내나 다른 근친자들은 의무의 이행을 요구할 수도 없다. 그런데 부양 의무의 결정이 내려지거나 쌍방이 그것에 동의하면 비로소 의무로서의 양이 정해지고 그에 대한 요구가 정당한 것이 된다. 즉, 결정이나 동의로 인해 비한정적인 의무가 한정적 의무로 되는 것이다.

넷째, 의무는 지정 의무(wājib mu'ayyan)와 선택 의무(wājib mukhayyar)로 구분된다. 지정 의무란 입법자가 의무를 지정한 것으로 예배, 단식, 상품의 대금, 임대인의 임대료 등을 말하는데 이 경우 책임은 지정 의무를 이행할 때만 면할 수 있다.

선택 의무란 입법자가 지정한 몇 가지 의무 중 하나를 선택하는 것을 의미한다. 예를 들어 하나님에게 선언한 후 이를 어겨 속죄할 때 그 속죄 행위로 열 명의 빈자에게 음식이나 의복을 주든가 아니면 노예를 한 명 해방시킬 것을 의무로 정하고 있다. 그러므로 속죄인의 의무는 위의 세 가지 행위 중에서 어느 하나이다. 따라서 속죄인은 이들 중 하나를 선택할 수 있다. 이들 중 어느 하나를 실행하면 그는 의무를 다하게 되어 책임을 면하게 된다.

(2) 장려 행위

장려 행위(mandūb)란 입법자가 무슬림에게 실행을 요구하고 있지만 비강제적인 것을 의미한다. 이것은 요구 형식 자체가 강제적이지 않은 경우와 요구가 있어도 그 문맥상 강제적이지 않은 것을 알 수 있는 경우가 있다. 즉, 입법자가 '이러한 것이 바람직하다(yusannu)' 또는 '이러한 것이 장려되어 있다(yundabu)'고 할 때, 여기에서 요구되는 것은 장려 행위이다. 명령형으로 요구되었다 하더라도 문맥을 볼 때 그 명령이 장려의 의미로 쓰였다면 그 요구는 장려 행위이다.

만일 요구의 형식이 강제적인지 아니면 비강제적인지 드러나 있지 않다면, 요구되는 것이 의무 행위인지 아니면 장려 행위인지는 여러 가지 상황으로 알 수 있다. 원전 속에서 알 수 있는 경우도 있고 샤리아의 일반 원칙이나 보편적 원리를 통해 알 수도 있다. 또는 실행하지 않았을 때의 벌칙 규정 유무로도 알 수 있다. 의무 행위는 게을리 하게 되면 벌을 받지만 장려 행위는 게을리 하더라도 벌을 받지 않고 비난('itāb)만을 받기 때문이다.

장려 행위는 세 가지로 구분된다. 첫째, 그 실행을 강하게('alā wajh al - ta'kīd) 장려하도록 되어 있는 것이다. 이것은 실행하지 않아도 벌을 받지는 않지만 비난이나 질책을 당한다. 예를 들면 아잔(예배를 알리는 소리)이나 다섯 번의 예배를 집단으로 하는 것 등은 의무 행위를 법적으로 보완하는 장려 행위이다. 또 예언자가 강제로 하는 것이 아니라는 것을 밝히기 위해 한두 번의 예만 보여준 종교적 행위가 있다. 예를 들면 우두(예배 전 세정 행위) 때 입을 가시는 것, 예배 중 코란의 개경장[3] 후에 다른 장(章)이나 절(節)을 하나씩 낭송하는 것 등이 있다. 이러한 종류를 강한 장려(al - sunnah al - mu'akkadah) 또는 인도(引導)의 장려(sunnah al - hudā)라고 부른다.

둘째, 실행을 하면 보상을 받지만 실행하지 않아도 벌이나 비난을 받지 않는 종류이다. 예를 들면 가난한 사람에게 은혜를 베푸는 것, 매주 목요일의 단식, 의무 예배에 정해진 라카트 수(數)나 강한 장려에 의한 라카트 수에다 몇 라카트를 더해서 예배를 보는 것 등의 자발적 행위(taṭawwu'āt)[4]는 모두 여기에 해당된다. 이 종류를 부가적(附加的) 장려(al-sunnah al-zā'idah) 또는 여분(余分)의 장려(al-nāfilah)라 부른다.

셋째, 인간의 몸을 꾸미기(kamāliyāt) 위한 부가적 장려 행위를 말한다. 이는 인간으로서의 예언자가 행한 관습적인 행동을 모방하는

---

3) 코란의 첫 번째 장으로 예배 시 낭송된다.

4) 입법자가 지정한 의무 행위의 양보다 자발적으로 더 하는 것.

것을 의미한다. 예를 들면 예언자가 행했던 것과 똑같은 방법으로 먹고 마시고 걷고 자고 입는 것 등이다. 이러한 행위나 그와 유사한 행위를 따르는 것이 자신의 몸을 꾸미는 것이며 좋다고 여기는 것들이다. 이러한 행동은 예언자에 대한 인간의 사랑의 강도를 표현하는 것이기 때문이다. 그러나 이러한 것으로 예언자를 따르지 않는다고 해도 나쁘다고 여겨지지는 않는다. 이것들은 예언자의 입법 행위가 아니기 때문이다. 이 종류를 좋은 것(mustaḥabb), 예법(adab), 공덕(功德, faḍīlah)이라고도 부른다.

그 예로서 무슬림들의 씨왁 사용을 들 수 있다. 씨왁은 얇은 나무뿌리로 현대식 칫솔이 없던 시절에 칫솔의 대용으로 사용하던 인류 최초의 칫솔이다. 따라서 무함마드도 씨왁을 사용했을 것은 당연한 일이다. 그런데 현대를 사는 무슬림들은 현대적 치약과 칫솔을 사용하면서도 이 씨왁을 겸용하고 있다. 단지 자신들의 예언자가 사용했다는 것 때문에 똑같이 따라하는 것이다. 이러한 무슬림의 행동은 예언자에 대한 사랑의 표현이다. 이것은 부가적 장려행위로서 설사 행하지 않는다고 해도 어떠한 비난도 받지 않지만 많은 무슬림이 아직도 씨왁을 사용하고 있다.

(3) 금지 행위

금지 행위(muḥarram)는 입법자가 그 실행을 삼가도록 강제로 요구하는 것을 의미한다. 강제적이라는 것은 몇 가지 방법으로 알 수 있다. 삼가도록 요구하는 것을 형식 그 자체에서 강제하는 경우는 "너희들에게 금지되어 있는 것은 죽은 고기, 피, 돼지고기가 있느니라"(코란 5:3), "말하라, 이리 와서 주님이 너희들에게 금지한 것을 알아보라"(코란 6:151), "너희들에게 허락되지 않았노라"(코란 2:229, 4:19) 등이 있다.

다음으로 강제적이라는 것을 금지 명령과 연결시켜 알 수 있는 경우는 "간음에 가까이 가지 마라. 그것은 부끄러운 것이니라"(코란 17:32) 등이 있다. 강제적임을 가리키는 것이 회피 명령과 연결되어 있는 경우는 "술, 도박, 우상, 화살 점은 안 좋은 것이며 사탄의 행위다. 그러므로 이것을 늘 피하라"(코란 5:95) 등이다. 실행에 대해 벌을 규정한 경우는 "정숙한 부인을 간부로 중상(中傷)하면서 네 명의 증인을 올릴 수 없는 자에게는 80대의 채찍질을 하라"(코란 24:4) 등이 있다. 이렇게 강제적으로 행위를 금지하는 것은 전달의 형식으로 인해 알게 되든지, 또는 금지를 요구하는 형식, 아니면 회피의 명령이라는 형식으로 알게 된다. 즉, 요구가 금지라는 것은 문맥을 통해 지정된다.

금지 행위에는 두 가지가 있다. 첫째, 원래 그 자체로 금지된 행위(muḥarram aṣālatan li-dhātihi)이다. 이는 처음부터 법적으로 금지라고 판단된 행위이다. 예를 들면 간음, 절도, 깨끗하지 않은 상태에서의 예배, 결혼이 금지된 사람과 알면서도 결혼하는 것, 죽은 동물의 고기 판매 등이다. 이러한 경우는 그것들이 갖고 있는 부정이나 유해성 때문에 그 자체로서 금지된 것이다. 그러므로 금지의 판단은 처음부터 행위 그 자체에서 내려져 있는 것이다.

둘째, 모순된 성질에 따른 금지 행위(muḥarram li - 'āriḍ)이다. 최초의 법적 판단은 의무, 장려 또는 허용이지만 모순된 성질의 결합으로 금지된 행위가 된 경우이다. 예를 들면 강탈한 의복 착용 후 예배, 사기 매매, 세 번의 선언 후에 이혼한 남편이 첫 아내와 재혼하기 위해 아내가 다른 남자와 행한 형식적 결혼과 이혼, 연속적 단식(ṣawm al-wiṣāl), 잘못된 형식으로 한 이혼 등이다. 이 같은 경우는 그것들이 가진 모순된 성질로 인해 금지된 것들이다. 금지의 판단은 행위 그 자체에 있는 것이 아니라 외적인 것에서 찾을 수 있다. 즉, 행위 그 자체에는 부정이나 해가 없지만 그것을 부정이나 유해로 할 수 있는 것이 나타나 결합된 것이다.

이 구분에서 우리가 이해할 수 있는 것은 원래 금지된 행위는 원칙으로서 법적으로 인정할 수 없다는 것이다. 그러므로 그것이 법적인 원인이 되는 것도 아니며, 그것으로 인해 법적 판단이 생기지도 않고 단지 무효가 되는 것이다. 따라서 깨끗하지 않은 상태에서의 예배는 무효이고, 결혼이 금지된 사람과 알면서도 결혼한 것은 무효이며, 죽은 동물 고기의 판매도 무효이다. 법적으로 무효라고 하는 것은 그것으로 인해 판단을 구성할 수 없다는 것이다.

모순된 성질에 따른 금지 행위(muḥarram li-'āriḍ)의 경우 본질 그 자체는 적법(mashrū')이며 법적 원인을 구성하고 법적 효력을 갖는다. 금지 판단은 행위가 모순된 것이기 때문이지 본질적인 문제로 인한 것이 아니기 때문이다. 그러므로 강탈한 의복을 착용한 후에 드리는 예배는 유효하며, 예배에 대해서는 보상이 있으나 강탈의 죄는 범한 것이 된다. 사기 매매는 유효이며 잘못된 형식으로 한 이혼도 유효이다. 모순된 성질로서의 금지 판단은 그 행위의 구성 요건이나 조건을 충족시키는 한 원래의 원인이나 그 성질에 결함이 발생하지 않는다. 반면에 원래 금지된 판단은 그 행위의 구성 요건이나 조건 중 하나를 상실한 것이기 때문에 원래의 원인이나 성질에 결함이 생긴 것이다.

(4) 기피 행위

기피 행위(makrūh)란 입법자가 무슬림에게 강제적이지는 않지만 삼간 것을 요구하는 행위이다. 이 종류는 하나님이 '너희들에게 이러한 것은 기피되느니'라고 말씀하여 분명하게 문장 그 자체에서 알 수 있는 경우 또는 "이것저것 물어보지 마라. 확실히 알면 도리어 해가 되는 것도 있느니라"(코란 5:101)처럼 명백히 금지이지만 이 금지가 기피이며 강제적인 것이 아님을 의미하는 경우이다. 또한 "상행위를 하지 마라"(코란 62:9)와 같이 회피가 명령으로 되어 있지만 문맥상 기피라는 것을 알 수 있는 경우도 여기에 해당된다.

실행을 삼가라고 요구된 행위 중에서 요구하는 문형 자체에서 그것이 강제적 요구라는 것을 알 수 있으면 금지 행위이다. 예를 들어 '너희들에게 이러한 것은 금지되었다'는 문체가 여기에 해당된다. 그러나 문형 자체가 그것이 비강제적 요구임을 드러내고 있다면 그것은 기피 행위이다. 예를 들어 '너희들에게 이러한 것은 기피되느니라' 등이 여기에 해당된다. 만약 문형이 무제약적 금지 또는 무제약적 회피의 명령이면 문맥을 통해 그것이 강제적 명령인지 비강제적 명령인지 알 수 있다. 또한 문맥을 통해 실행에 따르는 벌칙 규정의 유무로도 알 수 있다. 따라서 일부 법리론 학자들은 금지 행위란 실행하면 벌을 받는 것이고, 기피 행위란 실행해도 벌은 받지 않지만 비난을 받는 것이라고 정의한다.

(5) 허락 행위

허락 행위(mubāḥ)란 입법자가 무슬림에게 실행의 유무를 선택하게 하는 행위이며, 입법자는 무슬림으로 하여금 이 행위의 실행 또는 비실행을 요구하지도 않는 그러한 것이다. 행위의 허락성(ibāḥah)은 법의 원전의 지시로 확정되는데, 이는 입법자가 그 행위를 해도 죄가 되지 않는다고 규정하여 이것으로 인해 허락성을 가리키는 경우가 그러하다. “만약 양자가 하나님의 약속을 어기는 것을 두려워하면 여성 쪽에서 자기 몸을 속죄해도 죄가 되지 않는다”(코란 2:229), “너희가 그 여자에게 구혼을 해도 죄가 되지 않는다”(코란2:235) 등이 이 경우에 해당된다. 또한 입법자가 행위를 명령하고 전후의 사정을 살펴볼 때 그 명령이 허락이라고 알게 될 경우도 있다. “금기 상태가 풀리면 수렵을 하라”(코란 5:2), “예배가 끝나면 지상에 퍼져나가라”(코란 62:10), “먹고 마셔라”(코란 2:60)가 그것이다. 또한 모든 사물은 기본적으로 허용이라는 원칙으로 인해 사물에 대한 행위의 허용성이 확립되는 경우도 있다. 입법자는 자신이 바라지 않는다면 계약, 거래 또는 어떤 행위일지라도 그것에 대한 판단을 지시하기 때문이다. 그러므로 그러한 지시가 없을 경우에는 허용(al-ibāḥah al-aṣlīyah)의 원칙으로 허락 행위가 된다. 왜냐하면 사물의 기본적 성질은 허용이기 때문이다.

3) 법판단의 실제

이상이 다수의 학자들이 주장하는 무슬림 행위에 대한 구분인 다섯 가지 부과적 판단의 구분이다. 그러나 하나피 학파의 학자들은 일곱 가지로 구분하고 있다(Muḥammad al - khaḍarī, 1988:24). 그들의 주장은 입법자가 그 실행을 강제적으로 요구할 경우 그 요구의 근거가 코란의 계시 또는 다수의 하디스(ḥadth mutawātir)[5]로서 절대적(qaṭ')[6]일 경우 그것은 절대적 의무 행위(farḍ)이며, 요구의 근거가 다수의 하디스 이외의 하디스이거나 유추(qiyās)로서 개연적일 경우 의무 행위(wājib)가 된다는 것이다.

그러므로 예배를 보는 것은 절대적 의무 행위이다. 그것은 절대적 근거, 즉 "예배를 보라"(코란 2:43, 83, 1110, 4:77 등)라는 하나님의 말씀으로 인해 강제적으로 요구되어 있기 때문이다. 그러나 예배 중에

---

5) 하디스는 법전으로 사용되기 위해 몇 가지 종류로 분류되어 있다. 다수의 하디스, 유명한 하디스, 소수의 하디스는 전달자의 수가 기준인 신빙성의 서열인 데 반해, 올바른 하디스, 좋은 하디스, 약한 하디스는 전달자의 사슬이 완전히 이어져 있는지 또는 각각의 전달자가 신용할 수 있는 인물인지를 기준으로 삼은 분류이다.

6) 근거가 절대적(qaṭ')이란 그 근거가 코란 혹은 다수의 하디스라는 것을 말한다. 즉, 전승으로 이루어진 것으로서 인간의 이성이 작용될 여지가 없음을 말한다. 이에 반해 개연적(ẓann)이란 그 근거가 코란과 다수의 하디스 이외의 하디스나 유추임을 말하며 이는 인간의 이성이 작용됨을 뜻한다.

개경장을 낭송하는 것은 의무 행위이다. 왜냐하면 그것은 개연적 근거, 즉 "코란의 개경장(의낭송) 없이 예배는 없다"라는 예언자 무함마드의 말씀으로 인해 강제적으로 요구되어 있기 때문이다.

실행이 요구되더라도 강제적이지 않은 것은 장려 행위이다. 입법자가 실행하지 않도록 강제적으로 요구하는 것도 그 근거가 하나님의 계시와 다수의 하디스일 경우에는 금지 행위이다. 그러나 그 근거가 다수의 하디스 이외의 하디스처럼 개연적일 경우 그것은 금지적 기피 행위(al - makrūh taḥrīman)이다. 이렇게 볼 때 간음은 금지행위이다. 그것은 절대적 근거, 즉 "간음에 가까이 하지 마라"(코란 17:32)라는 하나님의 말씀으로 인해 강제적으로 요구된 것이기 때문이다.

남자들의 비단옷 착용과 금 도장 사용은 금지적 기피 행위이다. 왜냐하면 그것을 삼가도록 하는 것이 개연적 근거, 즉 "이런 두 가지는 우리 공동체의 남자들에게 금지되어 있지만 그 아내들에게는 허락되어 있다"라는 예언자의 말씀으로 인해 강제적으로 요구된 것이기 때문이다. 삼가는 것이 요구되었다 하더라도 강제적인 것이 아니라면 순수 기피 행위(al - makrūh tanzīhan)이다.

이와 같이 하나피 학파 학자들에게 실행이 요구되는 행위는 절대적 의무 행위, 의무 행위, 장려 행위의 세 가지로 나뉘며 삼갈 것이 요구되는 행위는 금지 행위, 금지적 기피 행위, 순수 기피 행위 세 가지로 나뉜다. 그리고 일곱 번째가 허락 행위(mubāḥ)이다.

무슬림에게 코란의 원전은 그 전부가 전승 면에서 절대적이다. 때문에 하나피 학파 사이에서는 코란의 원전으로 절대적 의무, 의무,

장려, 기피의 판단을 확정하며 순나는 그중에서 전승이 절대적인 것, 즉 다수의 순나(sunnah mutawātir) 및 그 판단에 있어 유명한 순나(sunnah mashhūrah)에 의해 확정된 것만 코란으로 확정된 것과 동등하게 취급한다. 따라서 순나 중에서 전승이 개연적인 것, 즉 소수의 전승(khabar al - āḥād)으로는 절대적 의무나 금지도 확립되지 않으며 소수의 전승으로 확립할 수 있는 것은 위의 것들을 제외한 여러 의무 부과적 판단이다.

이슬람에서 음식 중에 금기로 정해진 것 중 가장 대표적인 것은 술과 돼지고기이다. 그러면 이슬람에서는 왜 돼지고기를 그렇게 철저하게 금지하고 있을까? 수많은 학자가 이슬람에서 돼지고기를 금하는 이유를 여러 가지로 해석하면서 저마다 이유를 들어 설명하고 있다. 예를 들어 의학자는 돼지고기가 보유한 여러 가지 선충이 인간의 몸에 해롭다는 근거를 들고 있고, 어떤 학자는 돼지의 습성이 나쁘다는 이유를 말하고 있으며, 돼지고기는 사막 기후에 부패하기 쉬워서 적합하지 않다는 견해를 가진 사람도 있다.

그러나 같은 질문을 이슬람 학자들에게 질문한다면 한결같이 하나님께서 코란을 통해 금지했기 때문에 무슬림들이 돼지고기를 먹지 않는 것이며 그 이유는 하나님만이 알고 계신다고 대답한다. 또한 하나님이 인간을 위해 모든 것을 창조하고 그중에 두 가지, 즉 술과 돼지고기만을 금지했는데 그것도 못 지키냐고 간단히 대답한다. 이렇게 무슬림들이 간단히 대답할 수 있는 것은 이들에게 술과 돼지고기를 금지시킨 근거가 코란이기 때문에, 즉 절대적 근거이기 때문에 이론의 여지가 없는 금지이며 인간의 이성이 적용되지 않는 부분이다.

하나의 행위에 대해 위의 모든 판단 또는 일부 몇 가지 판단이 적용되는 경우가 있는데, 그것은 그 행위에 관한 상황 때문에 발생한다. 예를 들면 결혼에 관한 문제로서 만일 어떤 사람이 지참금, 부양, 그 밖의 결혼에 관한 의무를 다할 수 있는 능력을 갖고 있는데도 결혼을 하지 않는 상황에서 간음의 죄를 범할 것이 확실한 사람에게는 결혼이 절대적 의무이고, 전술한 의무를 이행할 능력이 있고 결혼을 하지 않으면서 간음의 죄를 범할 두려움, 즉 가능성이 있는 사람에게는 결혼이 의무(wājib)이다. 또한 결혼에 관한 의무를 이행할 능력이 있고 인격적 완성으로 결혼하지 않아도 간음의 죄를 범할 두려움이 없는 사람에게는 결혼이 장려 행위이며, 결혼하면 아내를 학대하고 결혼에 관한 의무를 이행하지 않을 것이 확실하다고 판단되는 사람에게는 결혼이 금지 행위이고, 아내를 학대할 두려움이 있는 사람에게는 결혼이 금지적 기피 행위이다.

4. 유효성 조건

위와 같은 허용과 금기에 대한 부과 행위가 유효하려면 세 가지 조건이 선행되어야 한다.

첫째, 의미 전달이 무슬림에게 완전하게 알려져 요구된 대로 실행하는 것이 가능해야 한다. 따라서 코란의 개략적인 원전, 즉 의도가 분명하지 않은 원전 규정은 예언자의 설명이 부가되지 않는 한 그것을 부과할 수 없다.

따라서 "예배를 드려라"(코란 2:43, 83 등)라는 코란 원전에서의 하나님의 말씀은 예배의 구성 요건, 조건, 예배 방법에 대해서는 아무것도 설명하지 않기 때문에 그것을 모르는 사람에게 예배의 실행을 의무사항으로 부과할 수 없다. 그러므로 무함마드는 이 개략적인 원전을 설명하고 "내가 예배드리는 것을 너희들이 본 대로 예배 드려라"라고 말한 것이다.

순례, 단식, 자카트에 관해서도 마찬가지이다. 입법자의 말이 개략적이고 입법자의 의도가 알려지지 않은 행위를 모두 의무로서 부과하는 것은 무효이며, 무슬림에게 그 실행을 요구하는 것은 그것에 대한 설명이 있어야 비로소 유효하다. 그렇기 때문에 하나님의 말씀인 "사람들에게 주어진 것을 너희들이 그들에게 분명히 하기 위하여 우리는 너희에게 이 훈계를 준 것이다"(코란 16:44)에 기인하여 예언자에게 설명의 권위를 준 것이다. 그러므로 예언자는 그의 말씀의 순나(al-sunan al-qauliyah)와 행위의 순나(al-sunan al-fi'liyah)[7]를 통해 코란 속의 개략적인 부분을 설명하고 있다. 따라서 어떤 사안이 발생하고 그에 대한 설명이 필요할 때 그 해설이 없다는 것은 있을 수 없는

---

7) 말씀의 순나는 무함마드가 여러 경우와 상황에서 여러 목적을 갖고 행한 말씀을 의미한다. 행위의 순나는 무함마드가 예배나 순례 등을 행하면서 그것들의 구성 요소나 순서 등에 대한 행동을 의미한다.

일이다. 이 점에서는 모든 학자들의 의견이 일치하고 있다

둘째, 의무 부과가 부과 능력을 지니고 있는 존재로부터 나오며 또한 그 판단을 따르는 것이 인간의 의무라는 것을 인간이 인지해야 한다. 이 지식으로 인해 그 존재의 의지가 실천되기 때문이다. 이것이 바로 법원으로서의 코란과 하디스를 먼저 연구해야 하는 이유이며, 또한 법원으로서의 코란과 하디스의 명령을 실현하는 무슬림들의 근거이다. 즉, 그러한 법원이 가리키는 판단은 무슬림들에게 그 실행을 의무로 부과한다. 이것이 바로 모든 실정법에서 그 전문에 특별한 문언을 붙여 그 법이 내각의 제안에 의거해 의회의 승인을 얻어 통치자에 의해 공포되었음을 가리키는 이유와 같은 것이다. 그러므로 인간은 그 법이 입법권을 갖고 있는 곳에서 생산되며, 그 실행이 의무라는 사실을 알아야 한다.

여기에서 무슬림이 부과된 의무를 인지해야 한다는 의미는 그것에 대해 아는 가능성을 말하며, 실제로 그것을 전부 다 알고 있다는 뜻이 아니라는 것이다. 인간이 이성적으로 성숙하고 자기 자신 스스로 또는 그 일에 고명한 사람에게 질문함으로써 법규범을 알게 되었을 때, 그 사람은 부과된 의무에 대해 알고 있는 자로서 간주되어 그 사람에 대해 판단이 집행되고 그 효과가 부과되며 무지를 핑계로 그것을 면할 수 없다. 그러므로 법학자들은 이슬람 지역에서 법규범에 대한 무지를 핑계로 대는 것은 인정되지 않는다고 말한다. 왜냐하면 만일 무슬림이 부과된 의무에 대해 실제로 알고 있어야만 한다는 것을 의무 부과의 유효성 조건으로 내세우면 규범에 대한 무지라는

핑계로 의무 부과가 성립하지 않을 가능성이 매우 많기 때문이다.

이것은 실정법 제정에서도 마찬가지다. 사람들이 법에 대해 더 쉽게 알 수 있게 함으로써 그들을 법에 대해 아는 자로서 간주한다. 이것은 법 제정 후 법적인 수속을 거쳐 고시함으로써 이루어진다. 무슬림들 개개인이 실제로 그것을 알고 있는지 여부는 고려되지 않는다. 그러므로 무슬림들이 안다는 것은 의무 부과자로부터의 부과를 아는 가능성을 말하는 것이지 실제로 개개인에게 알려진다는 뜻은 아니다.

셋째, 부과된 행위는 가능한 것이어야 한다. 즉, 그것을 실행하거나 또는 삼가는 것이 무슬림의 능력 내의 것이어야 한다. 이 조건으로부터 두 가지 사항이 파생된다. 그 첫 번째는 불가능한 것을 부과하는 것은 무효라는 것이다. 설령 그것이 그 자체로 불가능한 것이거나 또는 그 이외의 다른 사안 때문에 불가능할지라도 무효이다.

그 자체로 불가능한 것, 즉 이성적으로 불가능한 것은 이성으로 인해 그 존재를 상정할 수 없다. 예컨대 상반된 두 가지 사안의 결합, 즉 동일 인물에게 동일 시간에 동일 사안에 대해 의무와 금지를 같이 규정한 것, 또는 동일 시간에 수면과 각성처럼 서로 대립하는 두 가지가 결합한 것 등을 의미한다.

타(他)에 의하여 불가능한 것, 즉 관행상 불가능한 것이란 이성적으로는 그 존재를 생각할 수 있지만 일반적 관행으로서는 일어날 수 없는 것, 예컨대 비행기를 타지 않고 인간이 하늘을 나는 것, 씨를 뿌리지 않고 수확을 하는 것 등을 의미한다.

이성적으로 또는 관행상 그 존재를 생각할 수 없는 것은 인간이 실행할 수 없으며 인간의 능력이 미치지 않는 일이다. 하나님은 인간에게 할 수 있는 것밖에 부과하지 않는다. 하나님은 현명한 분이시다. 그러므로 불필요한 일을 하지 않는다. 또한 실행하려고 해도 그 수단이 없는 일을 의무로서 부과하는 분이 아니다. 이러한 사상으로부터 다음과 같은 법리론 학자들의 말이 나올 수 있다. 동일한 인간이 동일 시간에 동일한 일을 동시에 명령받거나 금지되는 일은 없다. 왜냐하면 이것은 서로 모순되는 두 가지 일을 결합하도록 명령하는 것이며, 위의 두 가지 예는 동일한 인간에게 어떤 것을 실행하고 동시에 그것을 하지 않도록 하기 때문이다.

두 번째는 무슬림에게 타인의 행위를 대신 실행시키거나 회피할 수 있는 것을 의무로 규정하여도 법적으로 무효라는 것이다. 인간은 누구나 자기 아버지가 자카트를 대신 치르거나 형제가 대신 예배를 보아주거나 이웃사람의 도둑질을 대신 그만둘 수 없다. 타인과 관계되는 것 중 인간에게 의무로서 부과되는 것은 충고하고 선행을 명령하고 부정을 금지하는 것(al-amr bil-ma'rūf wa al-nahy 'an al-munkar) 등 인간에게 가능한 행위라야 한다.

마찬가지로 인간의 본능적 성질과 관계되는 것, 즉 자연적 원인으로 발생하는 결과이거나 또는 인간이 획득하거나 선택할 수 없는 것을 의무로서 부과해도 법적으로 무효가 된다. 예컨대 분노로 인한 흥분, 부끄러워서 얼굴에 홍조를 띠는 것, 사랑과 미움, 슬픔과 기쁨, 공포 등 원인 발생과 함께 생기는 것, 소화 작용과 호흡, 신장의 대소,

피부의 흑백, 기타 인간의 타고난 자질이 존재하는지 존재하지 않는지는 창조의 법칙에 따르는 것이며 인간의 의지나 선택에 따르는 것이 아니다. 이것들은 인간의 능력 범위 외에 있으며 가능한 일이 아니라는 것이다.

이상과 같이 원전 속에 문자 그대로의 의미로는 인간에게 불가능한 일들을 의무로서 부과하는 듯이 느껴지는 것이 있다면 그것을 문자 그대로 이해하면 안 되며, 은유적 표현들을 제대로 해석한다면 할 수 있는 것만 부과하고 있다는 것이 분명히 나타나 있다.

예컨대 "노하면 안 된다"라는 예언자 말씀은 문자 그대로의 의미에서 보자면 자기의 의지대로 못 하는 자연적인 일들, 즉 노해야 할 원인이 있으면서 노하는 것을 삼가도록 명하는 모양이다. 그러나 그 참뜻은 분노 후에 생기는 마음의 흥분이나 복수심의 표출을 억제하라는 것이다. 그러므로 이 말씀에서 의도하는 것은 화가 날 때에는 너희의 마음을 제어하고 그것이 나쁜 결과를 초래하지 않게 억제하라는 것이다.

또한 "죽임을 받는 하나님의 종이 되고 사람을 죽이는 하나님의 종이 되지 말라"라는 예언자 말씀은 문자 그대로 해석하면 남에게 죽임을 받으라는 명령 같지만 실제로는 부정을 저지르지 말고 자기 자신에게 적대 행위를 하면 안 된다는 것이다. 그러므로 이 말씀의 의도는 부정을 하면 안 된다는 것이다.

또 "하나님이 너희들에게 베푼 그 은혜를 느끼고 하나님을 사랑하라"라는 예언자의 말씀에서 문자 그대로의 의미는 사랑하라는 명령이다. 그러나 그 진의는 하나님이 너희들에게 준 은혜를 느끼고 항상 하나님을 생각하며 감사하라는 것이다.

"무슬림이 아니면서 죽으면 안 된다"(코란 2:132)라는 하나님의 말씀을 보면 문자 그대로는 죽을 때에는 반드시 무슬림이어야 한다는 의무를 아브라함의 자식들에게 부과하고 있는 것 같다. 그러나 사실은 자기 신앙을 견고히 하여 신조를 강화하고 그것으로 그 신앙 속에서 생애를 완수할 수 있는 생활을 하도록 그들에게 부과하고 있는 것이다. "이것은 너희들이 곁에서 떠난 자를 슬퍼하거나 주어진 것을 기뻐하거나 하는 것이 없도록 하라는 조치이다"(코란 57:23)라는 하나님의 말씀은 잃어버린 것을 슬퍼하지 않고 주어진 것을 기뻐하지 말라는 의무를 부과하고 있는 모양처럼 보인다. 그러나 그것은 사실상 불가능하다. 여기에서의 진의는 슬픔에 잠겨서 그것으로부터 불만이 생기거나 또는 기쁨에 잠겨서 그것으로부터 오만이나 거만한 마음을 생기게 하지 않도록 하는 것을 의무로서 부과하고 있는 것이다.

그 밖에 원전에서 이것과 유사한 것들도 모두 마찬가지다. 즉, 의무로서 부과되는 것은 자연적인 사항에 따르고 그것에 기인하는 결과 또는 그것에 앞서는 원인은 인간이 스스로 선택하고 자기 능력의 범위 내에서 하는 것이다.

의무 부과가 법적으로 유효하려면 그 행위가 무슬림에게 가능한 것이 아니면 안 된다는 조건으로부터 그 행위의 실행에 이르기까지 무슬림에게 어떠한 곤란도 있으면 안 된다는 것이 필연적으로 요청되는가의 여부는 속단할 수 없다. 왜냐하면 행위할 수 있는 것과 곤란한 것은 모순되지 않기 때문이다. 애초부터 인간에게 의무로 부과되는 것은 모두 어떤 종류의 곤란이 수반된다. 왜냐하면 의무 부과는 부담이 되는 것을 강제하는 것이며, 그것은 일종의 곤란이기 때문이다.

곤란(mashaqqah)에는 두 종류가 있다. 첫째는 인간이 보통 견뎌낼 수 있는 것이며, 인간 능력의 범위 내에 있는 것이다. 또한 설사 그것을 오래 견디고 있어도 생명, 재산, 인간의 어떤 상태에 대해서도 해나 결함을 주지 않는 것, 예컨대 씨를 뿌리거나, 경작하거나, 장사를 하는 등으로 생활의 양식을 얻기 위한 여러 가지 노력을 계속할 때 인간이 견디는 곤란, 공무원이 그 직무를 완수하기 위해 견디는 곤란, 모든 노동자가 그 일을 하는 데에서 느끼는 곤란 등이 이 경우에 해당된다.

하나님이 인간에게 내린 의무 부과 즉, 법적인 의무 부과는 이런 종류의 곤란을 명한 것이 아니지만 부과된 의무를 이행하는 데는 수반되는 곤란이 있다. 그러나 그것은 견딜 수 있는 것이다. 설사 그것이 오래 지속된다 해도 그 행위자에게 결함이나 해가 생기지 않는다. 입법자가 의무 부과를 통해 의도한 것은 그들이 겪게 되는 이러한 곤란이 아니며 의무 부과에 기인하는 복리이다.

이것은 무슬림에게 그 능력 한계 내의 곤란을 견디게 함으로써 결과인 복리를 실현하게 하는 것이다. 예컨대 환자에게 강제로 쓴 약을 먹도록 함으로써 병을 치유하려는 의사와 같다. 의사는 병을 치유하기 위해 환자에게 쓴 약을 복용하라는 부담을 부과하는 것이다.

예배, 자카트, 단식, 기타 인간에게 명령 또는 금지된 것들의 이행은 인간에게 곤란을 수반하지만 그 곤란은 견딜 수 있으며, 능력 범위 내의 것이다. 그것은 목적, 즉 인간이 그 생활을 유지하는 데에 필수불가결한 복리에 이르게 하기 위한 노정이다. 입법자는 인간을 괴롭히고 곤란을 겪도록 의도하는 것이 아니다. 다만 그 상태를 좋아지게 하려고 의도하고 있을 뿐이다. 그것은 의사가 쓴 약으로 환자를 괴롭히려고 의도하는 것이 아니라, 다만 그를 치료하려고 의도하고 있을 뿐이라는 것과 마찬가지다.

두 번째 종류의 곤란은 인간의 일상적 관행 외의 곤란이며 오래 견딜 수 없는 곤란이다. 그것을 오래 계속하면 파탄을 일으키고 생명, 재산, 자신의 건강 상태에 결함이나 해를 입는 것이다. 예컨대 연속적 단식이나 불면의 근행, 극단적 수도원적 생활, 햇볕에 계속 서서 하는 단식, 도보(徒步)를 이용한 순례, 해(害)가 있을 때는 항상 회피가 허용되어 있음에도 행위를 고집하여 나타나는 곤란 등이다.

하나님(입법자)은 이와 같은 곤란을 수반하는 의무를 부과하고 있지 않으며 그런 곳에서 견디는 것을 인간에게 강제하지도 않는다. 왜냐하면 이러한 곤란은 하나님(입법자)의 첫째 목적이 인간에게 해를 주는 일이 되며, 또 그들의 능력 외의 것을 부과하는 일이 되기 때문이다.

그러므로 하나님은 이러한 종류의 곤란을 배제하기 위해 정당한 이유가 있는 경우에는 행위의 회피를 허용해도 된다는 판단을 정하고 있다. 하나님이 환자나 여행자에게 라마단 달의 단식 회피를 허용하거나, 물이 없거나 질병에 걸린 때에는 타얌뭄(tayammum, 물이 없을 때 하는 우두)을 허용하거나, 불가피한 상황이나 필요한 상황에서는 금지 행위를 허용한 것은 바로 이러한 곤란을 제거하기 위함이다.

다음의 하디스는 이러한 사실을 나타내는 근거이다. “하나님께 맹세코, 나는 너희들 중에서 하나님을 가장 두려워하고 하나님을 경외하느니라. 그러나 나는 단식을 하면 그것을 멈추고 식사를 하며 예배를 한 다음에 잠을 자고 아내를 얻는다. 나의 순나로부터 일탈하려고 하는 자는 나의 무리가 아니니라”. 또 태양이 내려쬐는 곳에서 단식을 한다고 맹세한 자에게 무함마드는 말했다. “너희의 단식을 다하라. 그러나 태양이 내려쬐는 곳에 서지 마라”. 또 다음과 같이 말하기도 했다. “너희들이 할 수 있는 행위를 하라”, “중도를 나아가라. 그렇게 하면 너희들은 (목표에) 도착할 것이다”, “이 종교는 확실한 것이다. 그러므로 천천히 깊이 들어가라. 누구든지 종교로 무리하는 자는 파멸한다”, “낙타를 혹사해서 못쓰게 되면 여행을 계속하는 것도 불가능하고 낙타의 상태를 원래대로 되돌리는 것도 불가능하게 된다”.

그러므로 루크사를 따르지 않고 아지마[8]만을 고집해서 생기는 해를 인내하는 것은 죄이다. 따라서 무함마드는 다음과 같이 말하고 있다. “여행 중에 단식을 하는 것은 경건한 행위가 아니다”, “하나님은 아지

---

8) 루크사는 하나님이 무슬림에게 어쩔 수 없는 특별한 상황일 경우 의무를 경감시켜 주는 판단, 또는 어떤 특별한 상황 속에서 곤란에 처한 사람을 위해 정한(면책) 것, 또는 어떤 근거로 인해 금지한 것에 대해 금지의 근거가 있으면서도 그것을 허용하게 된 것을 의미한다. 반면에 아지마는 특정 상황과 인간에게 한정되지 않고 하나님이 원래 정한 일반적 판단을 의미한다.

마의 실행을 좋아하는 것과 마찬가지로 루크사의 실행도 좋아하신다".

5. 인간의 조건

허용과 금기가 유효하기 위해, 즉 의무 부과가 법적으로 유효하기 위해 무슬림에게 요구되는 조건은 두 가지가 있다.

첫째, 의무 부과의 규정을 이해할 수 있어야 한다. 이것은 코란이나 순나에서 직·간접으로 도출된 의무 규범으로서의 샤리아 원전이 무슬림이 이해할 수 있는 것이 아니면 안 된다는 것이다. 왜냐하면 의무 부과의 규정을 이해하지 못하는 자는 부과된 의무를 이행할 수 없으며 또한 그러한 의도를 갖는 일도 없기 때문이다.

의무 부과의 규정을 이해하는 능력은 이성으로 실현되지만 그것과 함께 이성 있는 사람에게 의무를 가리키는 원전이 그들의 이성으로 이해 가능한 일이라는 것도 필요하다. 왜냐하면 이성은 이해와 인식의 수단이며 이해를 통해 실행의 의지가 일어나기 때문이다. 그런데 이성은 외적 감각으로는 지각되지 않는 숨은 것이므로 입법자는 의무 부과를 감각으로 지각할 수 있는 외적인 것, 다시 말해 이성의 존재를 상정(想定)할 수 있는 것에 연결시켰다.

예를 들면 성년(bulūgh)이 그러한 예이다. 즉, 청년(ḥulum)이 된 자는 이성 능력에 결함이 보이지 않는 한 의무가 부과되고 그 의무 수행 능력이 충분히 있다는 것이다. 정신병자(majnūn)나 유아에게는 부과

의무의 규정을 이해하는 수단인 이성이 존재하지 않기 때문에 의무가 부과되지 않는다. 또한 부주의자(ghāfil), 수면자, 취한 자도 마찬가지다. 왜냐하면 부주의, 수면, 취한 상태에서는 규정을 이해하는 능력이 없기 때문이다. 그러므로 무함마드는 "인간의 행위를 기록하는 천사의 펜은 다음 세 명에 대해서는 기록을 중지한다. 즉, 잠이 깰 때까지의 수면자, 청년에 이르기까지의 유아, 이성을 되찾기까지의 정신병자"라는 말씀으로 그 근거를 제시하고 있다. 또한 다음과 같은 말씀도 전해지고 있다. "늦잠 자거나 잠깐 잊어서 예배를 하지 않은 사람들은 생각났을 때에 예배를 하도록 하라. 그 시간이 예배 시간이니라".

유아(幼兒)나 정신병자에 대해서는 자카트, 부양, 보상의 의무가 부과되지 않는다. 다만 양자(兩者)의 땅이나 재산에 대한 세금(ḍarībah) 납부와 같이 그 재산에 대해 당연히 지불해야 할 재산상의 의무는 양자의 후견인(wali)이 이행해야 한다.

"믿는 자들아, 너희들이 취해 있을 때는 자신의 말을 이해할 수 있을 때까지 예배에 접근하면 안 된다"(코란 4:43)라는 하나님의 말씀은 취한 자에게 취해서 예배에 접근하지 않도록 하기 위해 예배 시간이 다가오면 술을 마시면 안 된다는 것을 명하는 것이다. 또 하나피 학파에 따르면 취한 자의 이혼 선언의 유효성 인정은 그의 취한 행위에 대한 벌(罰)로 인정된다. 그러므로 그들이 비록 취한 상태인데도 죄인이 되는 것은 금지된 것을 마신 경우라는 조건을 붙인 것이다.

둘째, 부과된 의무를 이행하는 데 적합한(ahliyah) 상태여야 한다. 여기에서 적격성(ahliyah)의 언어적 의미는 알맞다(ṣalāḥiyah)는 뜻이다.

그 사람은 와끄프(waqf)[9]를 감독하는 데 적합하다고 했을 때 이는 그것에 알맞다는 표현이다. 법리론적인 용어로는 적격성이 두 가지로 구분된다. 즉, 필연의 적격성(ahliyah al-wujūb)과 이행의 적격성(ahliyah al-adā')이다.

필연의 적격성이란 어떤 인간에게 권리가 부여되고 의무가 부과되는 데 적당한 것을 의미한다. 그것은 하나님이 창조한 것으로 여러 가지 동물로부터 구별되는 인간의 본능적 특성이며, 그로 인해 인간에게 권리가 정립되어 의무가 부과되는 데 알맞게 되는 것이다. 이 특성을 법학자들은 딤마(dhimmah)라고 부른다. 딤마란 인간에게 남과 관련된 권리가 부여되고, 남을 위해 의무가 부과되는 것을 가능하게 하는 인간의 본능적 자질을 의미한다.

그러므로 필연의 적격성은 남자든 여자든, 태아(胎兒)이든 유아든, 소년이든 청년이든, 정상인 사람(rashīd)이든 무분별한 사람(safīh)이든, 이성(理性) 있는 사람이든 정신병자든, 건강한 사람이든 환자든 간에 인간이라면 누구에게나 있다. 그것은 인간의 본능적 특성을 기초로 하기 때문이다. 인간은 누구든지 필연의 적격성을 갖고 있으며, 그것

9) 와끄프(waqf)의 언어적 정의는 방해하는 것 또는 억제하는 것이지만 이슬람법에서는 어떤 것을 제3자의 소유가 되지 않도록 지키고 억제하는 것을 의미한다. 그러므로 와끄프 제정자가 자선을 목적으로 자신의 재산을 기증해 그 수익 및 이용권을 공공의 것으로 제공하는 것을 의미한다. 이것을 좀 더 자세히 구분하면 자선 와끄프(waqf khairī)와 와끄프 제정자의 가족만이 이용하는 가족 와끄프(waqf ahlī) 두 가지로 구분할 수 있다.

이 부족한 인간은 존재하지 않는다. 의무에 대한 인간의 적격성이란 인간성(insāniyah)을 의미하기 때문이다.

필연의 적격성 관계에서 인간에게는 두 가지 상태가 있을 뿐이다. 필연의 적격성이 완전한 상태가 그 첫 번째 상태이고, 권리가 부여되는 적성은 갖고 있으나 의무가 부과되는 적성은 갖지 않는 인간의 경우 또는 그 반대의 경우처럼 필연의 적격성이 불완전할 때가 두 번째 상태이다.

권리가 부여되는 적성은 갖고 있으나 의무가 부과되는 적성을 갖지 않는 경우는 모체 속의 태아가 그 예이다. 태아는 상속하거나 수증(受贈)하거나 와끄프의 수익자로 되는 권리는 긍정되지만 남을 위한 의무는 부과되지 않는다. 왜냐하면 태아에게 인정되는 필연의 적격성은 불완전하기 때문이다.

사자(死者)의 경우, 대부분의 법학자들은 죽음으로 인해 인간의 특성이 소멸한다고 주장한다. 사자에는 완전, 불완전에 관계없이 딤마도 없고 필연의 적격성도 없다. 채무자에 대한 채무 이행의 요구는 상속인의 권리가 된다. 즉, 상속인은 피상속인의 권리를 이어받고, 또 유산의 범위 내에서 채무도 이어받는다. 다시 말하면 상속인은 남에 대한 피상속인의 채무를 이어받고, 동시에 그의 유산은 남에 대한 피상속인의 채권과 함께 상속인이 되는 것이다.

권리를 인정하고 의무가 부과되는 데 적당한 경우 그 사람의 필연의 적격성은 완전하다. 이것은 태어난 시점에서 모든 인간에게 인정되어 있다. 출생 후의 인간은 유아기이든 분별기의 연령이든 성년기이든,

또 일생 동안의 어떤 단계의 어떤 상태이든 완전한 필연의 적격성을 갖는다. 왜냐하면 필연의 적격성이 완전히 없는 인간은 존재하지 않기 때문이다.

이행의 적격성이란 무슬림의 말이나 행위가 법적으로 고려되는 적성을 의미한다. 따라서 무슬림이 맺은 계약이나 거래는 법적으로 고려되며 거기에서 법판단이 생긴다. 그가 예배를 하거나 단식을 하거나 순례를 하거나 어떠한 의무라도 그것을 이행하면 그것은 법적으로 고려되어, 즉 법을 이행한 것이 되어 부과되었던 의무는 그의 이행 행위로 인해 해제된다. 또 남의 생명, 재산, 순결에 위해(危害)를 가하는 죄를 범했다면 그는 그 죄로 인해 그것에 대한 육체적·금전적 벌을 받게 된다. 그러므로 이행의 적격성이란 책임(mas'ūliyah)이라는 의미이며, 그 기초는 인간의 이성으로 인한 분별력(tamyīz)이다.

이행의 적격성이 근본적으로 부족하거나 그것을 상실한 사람의 경우도 있는데, 이는 유아기에 있는 유아와 연령 여하에 관계없는 정신병자의 경우이다. 양쪽 다 이성이 부족하기 때문에 이행의 적격성을 갖지 않는다. 즉, 허용과 금기와 같은 의무 부과는 이루어지지 않는다. 따라서 그의 말이나 행위로부터 법적 효과가 생기지 않으므로 그와의 계약이나 거래는 무효이다. 또한 양자 어느 쪽이든 생명 또는 재산상의 죄를 범해도 재산상의 벌을 받을 뿐이며 육체적인 벌은 받지 않는다. 유아나 정신병자가 사람을 죽이거나 남의 재산을 파손한 경우에는 피해자에 대한 보상금(diyah')을 지불하든지 파손한 것을 변제할 뿐이며, 동형동태형(同形同態形, qiṣāṣ: 특징은 형벌과 범죄가 닮은

꼴이라는 것이다. 즉, 불법적인 살인자에게는 사형과 같이 범죄와 같은 형태와 정도로 처리된다)을 받지도 않는다. 이것이 바로 유아 또는 정신병자의 고의 또는 과실(khaṭa')이라는 법학자들의 말의 의미이다. 왜냐하면 이성이 존재하지 않는 한 의도도 존재하지 않기 때문이다. 따라서 고의('amd)도 존재하지 않는다.

또한 이행의 적격성이 불완전한 사람의 경우도 있다. 이 경우는 청년이 되기 전 분별이 들기 시작하는 나이의 사람(mumayyiz)이다. 즉, 미성년이며 분별이 들기 시작하는 단계에 있는 소년(ṣabi), 정신박약자(ma'tūh)의 경우이다. 정신박약자는 이성이 부족하거나 또는 이성을 상실하지는 않았지만 이성이 박약이며 불완전한 상태이다. 그러므로 그에 대한 판단은 분별이 들기 시작한 소년의 경우와 마찬가지이다. 그러나 위와 같은 두 경우에도 분별(tamyiz)에 기초한 이행의 기본적인 적격성이 존재하며, 동시에 긍정되는 때에는 그 거래가 그에게 전적으로 유익한 것인 한 유효하다. 예컨대 후견인의 승낙 없이 증여나 사다까(ṣadaqah, 자발적 기부 행위)를 받는 것 등을 의미한다.

반면에 그들에게 완전히 유해한 결정, 예컨대 기증, 계약의 취소 같은 것은 비록 후견인이 허가해도 유효로 인정되지 않는다. 그러므로 그의 증여, 유증, 와끄프, 이혼, 행위 등은 모두 무효이며 이것은 후견인의 승낙이 있어도 변하지 않는다. 유익하기도 하고 유해하기도 한 거래에 대해서는 유효이지만 그것에 대한 후견인의 승낙이 있어야 한다. 만일 후견인이 계약이나 거래를 승낙하면 그것은 집행되고 승낙하지 않으면 무효가 된다.

분별이 들기 시작한 정도의 사람 또는 정신박약자에 의한 계약이나 거래의 기본적 유효성은 기본적인 이행의 적격성을 그에게 불완전하게 인정하고 있는 것이다. 그러므로 후견인의 승낙을 조건으로 하는 것은 이 적격성이 불완전하다는 점에 기인한다. 따라서 그 거래에 후견인의 허가 또는 승낙이 주어지면 이 불완전성은 보완되고 계약 또는 거래는 완전한 적격성의 소유자에 의한 것으로 보게 된다.

이행의 적격성이 완전하다는 것은 이성적인 면에서 성년이 되었음을 의미한다. 즉, 완전한 이행의 적격성은 인간이 이성 있는 자('āqil)가 되어 실현하는 것이다. 이행의 적격성은 이성을 기초로 하는 것이 원칙이지만 일반적으로 성년과 연결시켜 생각할 수 있다. 성년이 되면 이성의 존재를 상정할 수 있으며, 판단이 명백하여 적절한 이유와 연결시킬 수 있기 때문이다. 성년이 되었다는 것을 연령에 기초해 판단하든지 아니면 신체적 외적 표징에 기초하든지 간에 성인은 이성이 있는 자로 보고, 이성의 결여 또는 그 결함을 나타내는 것이 없는 한 그 이행의 적격성은 완전하다고 본다.

6. 이슬람법 원칙

이상에서 논한 바와 같이 이슬람에서의 허용과 금기의 정의와 그러한 판단이 나오게 된 근거와 출처 또한 그것을 실제 행하는 인간의 행위에 대한 구분과 유효성의 조건 등을 통해 우리는 다음과 같은 허용과 금기에 관련된 기본적 원칙을 도출할 수 있다. ① 기본 원칙은 허용이다. ② 허용과 금기를 정하는 것은 오직 하나님의 고유 권한이다. ③ 허용을 금기하고 금기를 허용하는 것은 우상숭배와 유사하다. ④ 금기의 이유는 인간의 복리를 해치기 때문이다. ⑤ 허용은 충분한 것이고, 금기는 초과하는 것이다. ⑥ 금기를 조장하는 것은 금기이다. ⑦ 거짓되게 금기를 허용으로 나타내는 것도 금지된 것이다. ⑧ 목적이 수단을 정당화할 수 없으므로 선한 의도와 목적을 위해 금기를 이용할 수 없다. ⑨ 만일 허용과 금기가 불분명하여 의심스럽다면 피해야 한다. ⑩ 금기는 모든 사람들에게 똑같이 금지된 것이다. ⑪ 필요하면 예외가 있을 수 있다(Yūsf al - Qaraḍāwi. 1980: 18~35 참조).

이슬람에서는 모든 사물이 그것의 상태 변화를 가리키는 근거가 나타나기 전까지는 그대로 변함없이 존속한다고 간주하며 또한 상태의 변화를 가리키는 근거가 나타날 때까지는 이전에 내린 판결이 상태의 변화 없이 그대로 존속된다고 간주된다(Muḥammad Muṣṭfa shalabi, 1974: 349).

무즈타히드(이슬람법의 독자적 해석 전문가)는 어떤 계약 또는 거래에 대해 질문을 받았을 때 코란이나 순나에서 그 근거를 찾아내지 못하고 판단에 적용할 수 있는 법적 근거마저 못 찾았을 때 사물에 관한 기본(aṣl) 성질, 즉 지상에 있는 모든 것이 하나님이 창조하신 그대로의 상태로 있으면 허용하게 된다는 원칙에 따라 이 계약이나 거래를 허용한다고 판단한다.

즉, 상태가 변화한 것을 가리키는 근거가 나타나지 않으면 사물은 본래 상태인 허용의 상태에 있다는 것이다. 무즈타히드는 동물·무생물·식물 또는 어떤 음식·음료 또는 어떤 행위에 대해 물음이 있을 때 그것에 대한 법원이 없을 경우에는 그것을 허용이라고 판단한다. 왜냐하면 허용이 기본적 성질이기 때문이다(Ḥammūd b. Ḍāwī al-Qthāmī, 1981: 35). 그 변화를 가리키는 근거가 나타나기 전까지는 사물의 기본이 허용이라는 것은 "그(하나님)야말로 우리들을 위해 지상에 있는 모든 것을 창조해주신 분"(코란 2:29)이라는 하나님의 말씀에 근거한 것이다.

그 밖에 많은 코란 구절에서 하나님은 하늘에 있는 것과 지상에 있는 것이 인간에게 복종하도록 했다고 기술하고 있다. 지상에 있는 것이 인간을 위해 창조되고 인간에게 복종하게 되는 경우는 그것이 허용되어 있을 때뿐이다. 그들에게 금지된 것이라면 그것은 그들을 위한 것이 아니기 때문이다.

누구나 어떤 사람이 살아 있는 것을 알았다면 그에게 생명이 있는 것을 판단할 수 있고, 그의 죽음을 증명하는 증거가 나타나기까지 이 생명을 근거로 그와 거래를 한다. 누구나 어떤 여성이 누군가의 아내라고 알았다면, 그렇지 않다는 증거가 없는 한 그 남편의 아내라고 할 수 있다. 이렇게 누구나 어떤 것이 존재함을 알았다면 그 존재가 없다고 입증될 때까지 그것이 존재한다고 판단하고, 누구나 어떤 것이 존재하지 않음을 알았다면 그 존재가 입증될 때까지 그것은 존재하지 않는다고 판단한다. 이러한 기준에 따라 판결이 내려지기 때문에 어떤 사람이 어떤 사물에 대해 어떤 원인으로든 간에 확정적인 소유권을 가지고 있다면 그 배제가 확정될 때까지 존속한다고 볼 수 있다. 혼인 계약으로 인해 확정된 부부 관계의 합법성은 그 배제가 확정될 때까지 존속한다고 볼 수 있다. 채무 또는 어떠한 의무라도 그것이 무효임이 확정될 때까지 존속한다고 볼 수 있고, 채무나 의무에서 면제된 경우에는 그 의무가 다시 확정될 때까지 면제된다고 볼 수 있다.

기본 원리는 모든 사물의 상태가 그것을 변경하는 것이 확정될 때까지 본래의 모습으로 존속한다는 것이다. 다음 몇 가지가 그 좋은 예이다. 채권자가 가지고 있는 채무 상태가 계속되는 것은 확실한 언급이 없어도 채무의 증언만 있으면 충분하다. 목격자의 증언에 대해서도 같다. 또는 유언자가 죽을 때 유언을 명시해놓지 않아도 유언이나 유증의 증언만 있으면 된다 등이 이러한 것의 예이다.

이를 통해 다음 몇 가지 법적 원칙을 도출해낼 수 있다. 이전의 상태는 변경이 확정될 때까지 존속한다. 모든 사물은 본래 허용된 것이다. 확신을 통해 긍정된 것은 의혹 때문에 부정되지 않는다. '인간은 원래 무구속이다' 등이 그것이다.

아부 하싼 아쉬아리(Abu al - Ḥasan al - Ash'arī)는 예언자들과 경전이 없으면 인간의 이성이 무슬림의 행위에 대한 하나님의 판단을 알 수 없다고 주장한다. 왜냐하면 인간의 행위에 대한 이성의 판단이 서로 다르기 때문이라는 논리이다. 즉, 어떤 행위에 대한 인간의 이성적 판단은 매우 상대적이어서 어떤 사람은 어떤 행위에 대해 좋다고 하는 반면 어떤 사람은 나쁘다고 판단할 수 있으며, 동일한 사람이 동일 사안에 대해서도 시간의 흐름에 따라 그 판단이 변할 수도 있다. 또한 때로는 인간의 욕망이 이성을 지배하기 때문에 인간의 이성이 판단한 선이 하나님의 선과 반드시 일치한다고 할 수 없으며, 마찬가지로 인간의 이성이 판단한 악이 하나님의 악과 반드시 일치한다고 볼 수 없다.

그러므로 이 논리의 기본 원칙은 무슬림의 행위 중 선이란 입법자가 허용하거나 그 실행을 요청하여 그것이 선이라고 가르친 것을 말한다. 악이란 입법자가 실행하지 않도록 요청하여 그것이 악이라고 가르친 것을 의미한다. 따라서 선악의 판단 기준은 이성이 아닌 계시, 즉 이슬람법이다. 이는 윤리학자들이 선악의 기준은 법이라고 주장하며 법이 허용한 것은 선이고 금지한 것은 악이라고 주장하는 것과 같은 입장이다. 따라서 허용과 금기를 정하는 것은 오직 하나님의 고유 권한인 것이다.

또한 무슬림이 어떤 허용된 행위를 할 때는 반드시 선한 의도가 선행되어야 한다. 이러한 무슬림의 행위는 하나님의 명령에 대한 복종이므로 경배의 한 형태가 되는 것이다. 그러나 금기의 경우 얼마나 선한 의지인지, 고귀한 목적인지, 고상한 의도인지의 여부는 문제가 되지 않는다. 선한 결과를 만들기 위해 금기의 방법을 사용하는 것은 인정되지 않는다. 즉, 목적이 고결해야 할 뿐만 아니라 그것을 달성하기 위해 선택한 수단도 깨끗해야만 한다고 강조한다. 목적이 수단을 정당화하는 것이 샤리아의 목적이 아니거니와 또한 나쁜 행동을 통해서라도 자기의 권리를 지키는 것도 인정되지 않는다.

만약 누군가가 고리대금, 위조지폐, 도박, 금지된 게임을 통해 부를 축적하여 모스크(이슬람 사원)를 세우고 자선 단체를 설립하고, 그 외 다른 좋은 일을 하기 위한 목적으로 금기의 행위를 하더라도 용서받지 못하며 그것 역시 금기이다. 이슬람에서는 선한 의도와 목적이 금기를 행한 죄를 경감시키지 못한다(Yūsf al-Qaraḍāwi, 1980: 31~32).

이러한 금기는 보편적인 적용성을 가지고 있다. 즉, 어떤 것을 비아랍인에게는 금지하면서 아랍인에게는 허용하고, 또는 백인에게는 허용하면서 흑인에게는 금지하는 그런 것이 아니다. 금기는 모든 사람들에게 똑같이 금지된 것이다.

이슬람에는 종교의 이름으로 특권계급이나 특권이 있는 개인이 존재하지 않는다. 무슬림은 다른 사람에게 금기라고 하면서 그들 자신에게는 금기를 허용하는 우월적 권리를 가지고 있지 않다. 이 모든 것은 하나님만이 정할 수 있다. 하나님은 모든 인간의 신이고, 이슬람의 샤리아는 모든 인간의 지침이기 때문에 그럴 수 없다는 것이다. 그러므로 하나님이 금기한 것은 부활의 날까지 모든 인간에게 금기시되는 것이다. 예를 들어 남의 것을 훔치는 것은 무슬림이나 비무슬림 모두에게 금기이다. 그의 가족이나 출신에 상관없이 그에 대한 벌은 동일하다.

그러나 이러한 금기의 보편적 적용성 또는 금기는 그 목적이 아무리 선하다 하더라도 절대 허용할 수 없다는 절대성도 필요하면 예외가 있을 수 있다. 이것이 금기에 관한 일반 원칙 중 마지막 사항이다. 인간의 복리를 위해 반드시 필요한 것이며 이것에 대한 확실한 이해와

활용이 있을 때만이 인간의 생활이 종교로 인해 구속되지 않고 오히려 종교로 인해 편안함과 자유로움, 즉 복리를 추구할 수 있다.

그러나 일부 무슬림은 이 원칙을 적용하는 것에 매우 인색해서 하나님의 원래 취지를 왜곡함은 물론 그들의 생활도 편협하고 경직되어 있으며 비무슬림이 이슬람을 인식할 때 이슬람을 매우 편협하고 경직된 종교로 인식하는 원인을 만들고 있다.

필요하면 예외가 있을 수 있다는 것은 예외적인 상황과 절박한 필요성에 대한 배려이다. 이 요인은 몇 가지 법칙이 있다. 그 첫 번째가 곤궁이 편리성을 초래한다는 것이다. 이 법칙의 기본은 종교 의무를 이행하는 데 곤란한 처지에 있는 사람에게 그 의무를 경감시켜주는 것으로서, 환자나 여행자에게 종교적 의무를 경감시켜주는 것 등이 이에 해당된다.

두 번째는 절박한 필요성이 금지 사항을 허용한다는 것이다. 이 법칙은 긴박한 상황에서는 금지 사항도 허용된다는 것으로서, 예를 들어 굶어죽을 상황에 처했을 때 먹는 것이 금지된 음식만 있을 경우 먹어도 좋다는 것이다. “믿는 자들아, 우리가 너희들을 위해 비축한 좋은 것들을 먹어라. 너희들이 참으로 알라(하나님)를 숭배한다면 알라께 감사하라. 알라께서 너희들에게 금한 음식은 죽은 고기와 피, 돼지고기 및 알라 이외의 이름으로 도살된 것 등이다. 그러나 먹고 싶어서 또는 하나님의 명령을 배반할 마음에서 그런 것이 아니라 할 수 없이 먹었을 경우에는 죄가 안 된다. 알라께서는 관용적이고 자비로우시다”(코란 2:172~173).

세 번째는 기피 행위가 절박한 필요에 따라 금지 사항이 허용되었음에도 불구하고 그 고통의 상태를 유지하는 것은 기피 행위라는 것이다. 기피 행위는 안 하면 좋은 것이지만 굳이 한다고 해서 죄가 되지는 않는다.

네 번째는 위급하고 허약한 상태이다. 이 상태에 처했을 때는 평상시에 허용이 안 되는 비무슬림에게 도움을 청할 수 있다는 것이다. "믿는 자들은 불신자들을 친구나 도움을 주는 자로 선택하지 마라. 그들은 믿는 자들보다 좋지 않느니라. 만약 너희들이 그리 한다면 이는 하나님의 뜻이 아니니라. 그러나 너희들이 그들을 경계할 때는 예외이니라. 하나님은 그의 징벌에 대해 너희들의 주의를 환기시키셨으며, 너희들이 돌아갈 곳은 바로 그분 하나님이시니라"(코란 3:28)라는 구절은 무슬림이 다른 무슬림의 이익을 해치거나 갈등을 일으킬 목적으로 불신자와 협조하면 안 된다는 것을 밝히는 구절이지만 위급할 때 자기 방어를 위해 그들과 협조할 수 있다는 것을 허용하고 있다. 여기에서 경계한다는 것은 그들의 사상이나 간계를 의미한다.

이러한 법칙에 의거하여 하나님이 무슬림에게 어쩔 수 없는 특별 상황일 경우 의무를 경감시켜주는 판단, 또는 어떤 특별한 상황 속에서 곤란에 처한 사람을 위해 면책을 정한 것, 또는 어떤 근거로 인해 금지한 것에 대해 금지의 근거가 있으면서도 그것을 허용하게 된 것을 허용과 금기에 관한 예외(루크사)라고 한다.

7. 예외의 종류

허용과 금기에 관한 예외의 종류 중에는 불가피한(ḍarūriyāt) 경우 또는 필요한(ḥājayāt)[10] 경우에 금지된 것을 허용하는 경우가 있다. 그러므로 신앙을 부정하는 말을 고백하도록 강제된 사람은 그의 마음이 신앙으로 충만되어 있다면 그것을 고백하더라도 허락받고 죄가 되지 않는다. 라마단 달에 음식을 먹도록 강요받거나 타인의 재산을

10) 불가피한 것은 인간 생활의 기본에 관한 것이다. 이것이 없으면 인간의 복리는 있을 수 없다. 즉, 이것들이 없으면 인간 생활의 질서가 무너지고 그 복리는 사라지고 인간은 혼란과 불공정 등의 고통을 당한다. 이런 의미로 인간에게 불가피한 것은 종교, 생명, 이성, 순결, 재산이라는 다섯 가지를 확보하는 것이라고 할 수 있다. 필요한 것은 안락과 쾌적, 의무를 위한 곤궁이나 생활의 무게를 경감시키기 위해 인간에게 필요한 것이다. 그러나 이것이 없어도 인간의 생활 질서가 없어지거나 혼란이 생기지는 않는다. 다만 이것은 인간에게 곤란과 곤궁의 느낌을 느끼게 할 뿐이다. 즉, 이것은 인간들 간에 곤궁을 제거하고 곤궁을 경감하고 의무의 괴로움을 참을 수 있게 하고 인간들에게 거래나 교환의 방법, 생활의 길 등을 쉽게 걸을 수 있도록 해준다. 원하는 것(taḥsīniyāt)은 인간답게 생활하는 것으로서 예의·정의의 길을 갈 때 필요한 것들이다. 이것 역시 없어도 생활 질서가 무너지는 것은 아니며, 필요한 것처럼 곤란한 느낌도 주지 않는다. 그러나 그들의 생활은 이성의 일반적인 경향 및 건전한 감각으로 볼 때 하기 싫은 것이 될 것이다. 이런 의미로 인간이 원하는 것은 더욱 고귀한 품성, 좋은 습관 및 인간 생활에 좀 더 의미 있는 생활을 위해 요구된다.

훼손하도록 강요받은 사람도 마찬가지이다. 즉, 강제된 금지 행위의 위반은 죄가 되지 않는다. "마음이 신앙으로 충만되어 있으면서 강제된 자는 예외이니라"(코란 16:106)라고 하나님은 말씀하고 있다.

심한 굶주림이나 갈증으로 어쩔 수 없이 죽은 동물의 고기를 먹거나 술을 마신 자에게도 그 음식과 술이 허용된다. "어쩔 수 없는 경우를 제외하고 금지된 것에 대해 하나님은 너희들에게 상세히 설명하고 계시다"(코란 6:119), "욕망이 아니고 금한 것을 위반할 마음이 아닌 어쩔 수 없어서 먹은 자에게는 죄가 없다"(코란 2:173).

또한 의무의 이행이 인간을 곤궁으로 빠지게 할 수 있을 때 의무 행위의 포기를 허용하는 경우도 있다. 라마단 달에 병에 걸리거나 여행 중인 사람들은 단식 포기를 허락받는다. 여행 중인 자는 예배의 단축, 즉 4 라카트 대신 2 라카트로 예배를 보는 것이 허락된다. "너희들 중에서 병에 걸린 자 또는 여행 중인 자는 언젠가 다른 때에 하여라"(코란 2:184), "너희들이 지상을 여행할 때 예배를 단축해도 죄가 되지 않느니라"(코란 4:101)라는 말씀이 있기 때문이다.

예외적 계약을 인정하는 경우도 있다. 이것은 계약의 성립과 그 유효성을 위한 일반적 조건을 충족시키지 못했음에도 인정하는 것을 의미한다. 이는 인간이 생활에 이용하고 꼭 필요한 경우이다. 예를 들면 선물 매매 계약은 계약 시점에 존재하지 않는 물건의 매매이므로 금기이지만, 이것은 인간의 관행이며 생활에 필요한 것이기 때문에 허용되고 있다. 이것 때문에 하디스에서는 다음과 같이 말하고 있다. "하나님의 예언자는 인간들이 손에 갖고 있지 않은 것을 매매하는 것을 금하였지만 선물 매매에서는 그것을 허락한다".

물품의 제작 의뢰 계약, 임대 계약, 유증(遺贈) 계약도 마찬가지이다. 이것들은 쌍방 계약 당사자 간의 계약 성립과 그 유효성을 일반적 조건으로 평가한다면 유효한 계약이 아니지만, 입법자는 인간의 필요를 만족시키고 곤란을 제거하기 위해 그것을 인정하고 있다.

또한 허용과 금기에 관한 예외의 종류 속에는 우리 이전의 여러 공동체에 부과된 엄한 의무를 면제하는 규범의 폐기가 있다. 이것은 다음과 같은 하나님의 말씀으로 나타나고 있다. "주님이시여, 저희보다 옛날 사람에게 준 것과 같이 그런 무거운 짐을 저희들이 지지 않게 해주소서"(코란 2:286). 예를 들면 의복의 더러운 부분을 잘라버리는 것, 재산의 4분의 1을 자카트로 지불하는 행위, 죄의 속죄로서의 사형, 모스크 이외에서의 예배를 인정하지 않는 것 등을 폐기한 것이다.

이러한 여러 가지 종류에서 우리가 알 수 있는 것은, 입법자는 어쩔 수 없는 사정일 경우 금지 행위를 허용하거나 정당한 이유로 의무의 포기를 허용하거나 필요상 일반적 규범으로부터 몇 종류의 계약을 예외로 인정하여 의무의 경감을 허용한다는 것이다. 이와 같은 것은 모두 불가피한 사정이나 필요한 경우 금지된 것을 허용한다는 원칙에 기인한 것이다.

제4장

이슬람의 금기

사례를 중심으로

김종도 | 명지대학교

1. 들어가는 말

금기는 사회적 오염을 막기 위한 장치로써 오랜 세월을 거쳐 인류가 수많은 시행착오를 겪으면서 만들어졌다. 어떤 행위는 집단의 특성에 따라 허용되기도 하며 역으로 금기시되기도 한다. 이런 현상은 그 문화권만이 가지고 있는 특수성 때문에 나타나게 된다.

유대인의 금기가 유대교의 경전인 토라에 명시적으로 규정되어 있다면 아랍인의 금기는 이슬람교의 경전인 코란에 규정되어 있다. 그리고 이슬람의 법규는 구체적으로 명시되어 있기보다는 코란과 하디스[1)]에 나타나 있다. 아랍세계는 종교가 중심이 된 사회이므로 경전인 코란을 떠나서는 아무것도 설명할 수 없는 것이다. 결국 이슬람 사회의 금기는 대부분 이슬람 교리에서 비롯된 것이라고 볼 수 있다.

이슬람 사회의 경우 금기의 법제화 과정은 훨씬 더 복잡하다. 이슬람 법학파에 따라 해석이 다양하기 때문이다. 허용(Halal)과 금기(Haram)로 이해되는 샤리아(Sharia),[2] 즉 이슬람법은 코란이나 예언자 무함마드의 언행록인 하디스에서 특별히 금지한 몇 가지 것을 제외하고 모든 행위가 허용되고 있다. 이슬람법에서 허용과 금기는 의무, 기피, 금지, 허락 등으로 구분된다. 행위가 강제적이냐 그렇지 않으냐, 선택의 자유가 있느냐 없느냐에 의해 구별되는 법령들이다. 예컨대, 단식은 요청하는 형식이 강제적이기 때문에 의무에 해당된다. "너희들에게 단식이 정해져 있다"(코란 2:183). 그리고 결혼할 아내에게 마흐르(Mahr)라고 하는 혼납금을 주는 것도 의무이다. 이 외에 예배, 자카트의 지불, 부모에 대한 효도, 순례 등은 어떤 제한도 없는 명령으로 의무에 해당된다. 그러나 이사를 간다든가 담배를 피우는 것은 선택적 사항으로 볼 수 있다.

---

1) 이슬람 교조인 무함마드의 언행록을 일컫는다.

2) 이슬람법은 아랍어로 샤리아라고 하며 성문법이 아니라 코란과 하디스, 유추라고 하는 끼야스(Qiyas) 그리고 합의란 의미를 가진 이즈마(Ijma)의 네 가지 법원의 구성요소가 있다. 유추는 코란과 하디스에서 딱 맞아떨어지는 조항을 찾지 못한 경우에, 이즈마는 이슬람 학자들 간의 유추에서 근거를 찾지 못했을 때 결정하는 방식을 의미한다. 유추나 합의는 이슬람 공동체가 인정할 수 있는 것이라야 한다.

대부분의 이슬람 국가들에서 하람은 관습으로서 존중되고 있으나, 공리주의가 우선인 현대 사회에서 전통적 가치나 규범들 가운데 현실 생활의 변화에 적용이 가능한 영역이 있는가 하면, 충돌이 불가피하여 양자택일적인 부분들 또한 적지 않다. 따라서 일부 국가는 전통적 가치를 고수하고, 일부 국가에서는 새로운 변화를 선택하기 때문에 모든 이슬람 국가를 일반화할 수는 없다.

이슬람의 금기는 이슬람 이전 시대인 자힐리야(Jahiliya)[3] 시대부터 내려오던 것이 이슬람과 더불어 고착화된 것들도 있고 무함마드의 계시를 통하여 새로운 금기로 등장한 것들도 있다. 이러한 금기들은 무함마드에게 긍정적인 면보다는 부정적인 면으로 비춰졌기에 금기 영역에 포함되었으리라고 본다. 이슬람에서는 코란이 인간에게 지키라고 부여한 것을 지키지 않으면 그것으로 끝나는 것이 아니라 죄라는 단계로 접어들게 되며 현세의 제재는 물론 내세에까지 영향을 미치게 된다. 이런 관점에서 보면 이슬람에서의 죄는 ① 고의적이며, ② 알라의 명백한 법을 무시하며, ③ 알라의 권리와 인간의 권리를 침해하며, ④ 영혼과 육체에 유해하며, ⑤ 되풀이되어 저질러지며, ⑥ 정상상태에서 피할 수 있는 것 등을 어겼을 때 성립된다(함무라 압달라티:47). 이것들은 이슬람에서 말하는 죄의 구성요건이며 타고나거나 유전되는 것은 아니다.[4] 이슬람에서는 모든 죄는 용서를 받을 수 있다고

3) 이슬람 이전 시대로 무지의 시대라고하기도 한다. 즉, 7세기 이전을 지칭한다.

4) 이슬람에서는 기독교의 원죄의 유전성을 인정하지 않고 있다.

하나 다신론, 범신론, 삼위일체설은 용인하지 않는다. 이슬람 사회에서는 종교적으로 무프티(Mufti)[5]가 파트와(Fatwa)[6]를 내놓으나 이것은 법적 구속력을 갖기보다는 예방책의 역할을 한다.

우리나라에는 이슬람의 금기에 대한 부분적인 소고가 있을 뿐 전체를 아우르는 연구가 전무하기에 총체적인 연구가 필요한 상황이다. 이슬람 사회는 법학파에 따라 법리 해석이나 판결이 달라 판례를 구하기가 매우 힘들어 연구에 애로점이 많았음을 고백하지 않을 수 없다. 이 장에서는 이슬람 사회에서 금기시하는 것을 몇 가지로 분류하고 이의 사례로 이집트의 경우를 살펴보고자 한다.

2. 금기의 부류

1) 종교적인 것

이슬람은 유일신을 믿는 종교 가운데 신도들의 신앙심이 타 종교보다 상대적으로 적극적인 편이다. 그것은 아마도 마지막 예언자인 무함마드가 완성한 종교[7]라는 자부심에서 비롯된 것인 듯하다. 그러

5) 어떤 사안에 대하여 이슬람적 해석을 내놓은 이슬람 율법학자.

6) 이슬람 율법학자가 내놓은 이슬람의 종교적 해석.

7) 코란 5장 3절에는 "오늘 내가 인간을 위한 종교를 완성하였고 인간을 위하여 나의 은총을 완료했으니 이슬람이 인간의 종교로 충족될 것이라"

므로 유일신에 대한 무시나 원망, 또는 배교 행위는 생명을 내걸고 그들이 지켜야 하는 성역(sanctuary)이며, 창조주 알라에 대한 모독이나 불신 행위는 금기중의 금기이다. 특히 코란의 훼손은 알라의 말씀에 대한 모독으로 금기시되고 있다. 2006년 9월에는 파키스탄에서 코란의 해설서인 타프씨르(Tafsir)가 찢어진 것이 발각되어 그 일을 벌인 장본인이 구금되기도 했다. 1980년대에 파키스탄은 「신성 모독법(Blasphemy law)」을 제정했다. 법집행 절차에 상관없이 극단론자들에 의해 법을 어긴 사람들이 처형되었는데 지금까지 23명이나 살해되었다. 1988년에는 영국 작가 살만 루시디(Salman Rushdie)가 소설 『악마의 시(The satantic verses)』를 발표하여 이슬람 세계를 경악케 했고 이듬해 이란의 종교 지도자 아야툴라 호메이니로부터 처형 선고를 받은 사건도 있었다.[8)]

이슬람 문화는 금기를 중심으로 다른 문화와 충돌을 일으키기도 한다. 여기에서는 이슬람에서 금기시하는 종교적인 영역을 모독하여 논쟁이 벌어진 사례를 살펴보기로 하자.

(1) 무함마드 만평사건

2005년 9월의 덴마크의 ≪율란츠 포스텐(Jullands Posten)≫이 '무함

라고 쓰여 있다.

8) 물론 살만이 실제로 처형 받은 것은 아니지만 이슬람권의 분노가 극에 달했음을 상징적으로 보여준다.

마드 얼굴'이라는 만평을 게재하여 이슬람 세계를 격동하게 했다. 연일 대규모 시위가 이어졌고 해외에 있는 덴마크 대사관이 불에 타고 철수하기도 했다. 이 만화의 내용은 시한폭탄 모양의 터번을 둘러 쓴 무함마드가 죽어서 천국에 온 이슬람 자폭 테러자들[9]에게 "너희들에게 나눠줄 처녀가 다 떨어졌다"라고 비꼬는 내용이었다. 이 사건은 전 세계를 떠들썩하게 했고 이슬람에 대하여 무지했던 서구나 우리나라에 경각심을 일깨워주는 계기도 되었다. 이슬람에서 보면 예언자의 그림을 그리는 것은 대단한 불경죄에 해당하며, 더군다나 그에게 시한폭탄 모양의 터번을 씌웠으니 무슬림들은 분노할 수밖에 없었다. 박노자(오슬로 국립대 교수)는 이 사건의 본질을 덴마크 극우파 정부의 이슬람 차별 정책에 기인한다고 분석하기도 했다.[10] 코란에는 무함마드 초상을 그리거나 인쇄, 조각을 금한다는 내용은 구체적으로 없다. 그러나 "그분과 비교할 수 있는 것은 아무것도 없느니라"(코란 42:11)라고 쓰여 있다. 이것으로 보면 이슬람에서 무함마드의 얼굴을 그리는 것을 금기시하는 것은 당연한 것이다.

이슬람은 조상(Statue)을 금하고 있다. 집안에 조상을 두게 되면 알라

---

9) 이슬람 입장에서는 순교자일 수도 있음.

10) 덴마크 극우파 정부는 2002년 이민억제책을 발표했는데 여기에서 분석한 바에 따르면 덴마크 인구의 5%가 외국인이며 그 가운데 2%가 이슬람권 사람들이다. 이러한 덴마크 정부의 정책을 파키스탄이나 이슬람권 여자들과 결혼하지 못하도록 취한 강경책이라고 하여 유럽연합(EU)나 국제 엠네스티 등에서 인권유린이라고 비판하기도 했다.

의 자비가 떠나버리며 그런 집에는 천사가 들어가지 않는다고 한다. 이슬람 율법학자에 의하면 자신의 집에 조상을 두는 사람은 마치 불신자와 같으며 그들의 집에서 우상을 섬기는 것과 다름없다고 보고 있다. 물론 우상을 만드는 것도 금기시되고 있다. 설사 무슬림이 아닌 사람을 위해 제조하는 것이라고 할지라도 그것은 금기인 것이다. 부카리와 다른 사람들이 전하는 바에 의하면 "부활의 날에 조상을 만드는 사람들은 조상에게 숨을 쉬도록 요청받을 것이며 그는 결코 그렇게 하지 못할 것이다"(Bukhari and Muslim)라고 한다. 즉, 부활의 날에 그는 조상에게 생명을 불어넣으라고 명령을 받을 것인데 결국 조상을 만든 대가로 비난을 받고 창피를 당하게 되는 것이다. 또한 무함마드도 "부활의 날에 혹독한 벌을 받는 사람들 가운데는 조상을 만드는 사람들이 될 것이다"라고 말했다(Bukhari and Muslim). 이것은 조상을 알라의 창조에 대한 모방행위로 간주하기 때문이다. 그러나 아랍 세계를 다녀보면 영웅이나 전사들을 완전한 동상이나 흉상으로 만들어 세워놓은 것을 많이 볼 수 있다. 예를 들면 이집트의 수도인 카이로에 가면 사거리에 많은 동상이 서 있다. 이라크의 유일한 항구 도시인 바스라에 가면 이란과의 전쟁 때 죽은 전사들의 동상을 강가에 즐비하게 세워놓고 있기도 하다.

(2) 교황 베네딕토의 발언

교황은 천주교의 최고 수장이다. 2006년 9월 12일 현 교황인 베네딕토 16세는 독일의 레겐스부르크에서 집전한 미사에서 14세기 비잔틴

황제인 마누엘 II 팔레올로고스와 페르시아 지식인이 나눈 대화를 상세히 적은 책의 내용을 인용하는 중 "무함마드가 가져온 것이 무엇인지를 보여달라, 그러면 그가 자신의 신념을 칼로써 전파하도록 명령을 내리는 사악하고 비인간적인 것들을 발견하게 될 것이다"라고 말하면서 "그(황제)는 지하드, 즉 성전의 문제에 관해 이야기하며 폭력은 신의 본성이나 인간의 이성과는 양립할 수 없는 것"이라고 말했다.[11] 이슬람을 풍자하는 '한 손에 칼 한 손에 코란'을 빗대어 표현한 것이다. 이슬람권에서는 베네딕토가 이슬람의 폭력성을 부각시킨 것이라고 저항하면서 강력한 반발이 이어졌다. 이슬람권의 분노가 일파만파로 커지자 같은 달 17일에 교황이 직접 나서서 유감의 뜻을 표명하고 사과하기에 이르렀다. 무슬림들은 9·11사태 이후의 미국의 아프가니스탄과 이라크 침공을 제2의 대(對)이슬람권 십자군 전쟁으로 인식하며 최근의 무함마드 만평 사건이나 베네딕토의 발언을 이를 뒷받침하는 일련의 사건으로 보고 있다.

(3) 무함마드 비디오 파문

덴마크 인민당 청년조직은 2006년 8월 여름 캠프의 '그림 그리기 행사'에서 무함마드를 우스꽝스럽게 그려놓고 수십 명의 당원이 노래를 부르며 술을 마시며 그림을 조롱하는 장면을 비디오로 촬영했다. 이 내용은 인터넷을 통해 확산되었고 10월 6일에는 텔레비전에 방영

---

11) http://www.chosun.com/international/news/200609/200609160026.html에서 인용.

되기도 했다. 이슬람권은 연이은 서구의 대 이슬람 비하에 대하여 강력한 반발을 하면서 즉각적인 경고를 내놓았다. 마흐무드 아흐마디네자드(Mahmoud Ahmadinejad) 이란 대통령은 "이 사건의 배후에는 인간적인 가치가 모자라는 저질의 인간들이 있다"면서 "무슬림의 분노가 바다를 이루면 통제하기 어렵게 될 것이다"라고 경고하기도 했다. 이집트의 무슬림형제단은 "덴마크는 이슬람에 대하여 새로운 모욕을 저질렀다"면서 비난했다.[12)]

(4) 오페라 취소

2006년 9월 26일 독일 베를린의 도이체 오퍼극장 총감독인 키어스텐 함스는 같은 해 11월로 예정된 모차르트 오페라 <이도메네오(Idomeneo)>의 공연을 취소한다고 발표했다. 함스는 오페라가 이슬람권을 자극하여 공격을 받을지도 모른다는 우려 때문에 '관객과 직원들의 안전을 위하여'라는 명분을 달았다. 오페라 <이도메네오>는 신에 대한 인간의 의무와 인간에 대한 신의 의무 사이의 갈등을 다룬 작품으로, 크레타의 왕인 이도메네오가 피 묻은 자루에서 포세이돈, 예수, 부처 무함마드의 잘린 목을 꺼내 추켜들었다가 네 개의 의자에 나눠서 올려놓는 마지막 장면이 나오는데, 무함마드의 잘린 목 장면이

---

12) http://www.segye.com/Articles/News/International/Article.asp?aid=20061009000283&ctg1=01&ctg2=00&subctg1=01&subctg2=00&cid=0101040100000&dataid=200610092104000352 참조.

이슬람계를 자극할 수 있다는 판단을 내린 것이다. 만약 공연이 진행되었다면 이슬람권은 활화산 같은 분노를 쏟아내었을 것이다.[13)]

(5) 단식

단식은 이슬람에서 5행[14)] 중 하나로 건강한 신체를 가진 무슬림은 일 년에 한 번 씩 라마단 달에 해가 떠있을 동안 단식을 해야 한다. 코란 2장 183절에는 "알라를 믿는 너희에게 단식은 의무이니라"라고 기록되어 있다. 낮 동안에 부부관계를 해서도 안 된다. 만약 단식 중에 세상을 떠난 사람이 있으면 남아 있는 유가족 중에 누군가가 대신 이행해야 한다. 사우디아라비아의 경우는 비무슬림 외국인들에게도 라마단 월에 공공장소에서 식사를 하거나 담배를 피우지 못하도록 하고 있다. 만약 이를 어길 경우에 내무성에서 근로계약 취소와 추방을 경고하고 있다. 양치질을 하거나 침을 삼킬 수는 있으나 신앙심이 독실한 무슬림은 침도 삼키지 않는다. 이 기간 동안 덕분에 비무

---

13) '이번 공연 취소에 대하여 올바른 결정이라고 생각하는가'라는 독일의 공영방송 ARD의 온라인 설문조사 결과에 의하면, 2006년 9월 29일 현재 전체 응답자 14,156명 중 87.4%는 '아니오', 11.3%는 '예'라고 대답했다. 이 같은 결과가 높은 예술 수준 때문인지 이슬람에 대한 부정적 편견인지는 당사자들만이 알 뿐이다.

14) 이슬람의 5행은 무슬림이 반드시 실천해야 할 행동규범으로 ① 신앙고백('알라 외에는 신이 없으며 무함마드는 알라의 사도이다'라고 아랍어로 선서하는 것), ② 예배, ③ 자카트(이슬람 종교구빈세), ④ 단식(이슬람력 라마단 달에 행하는 계율), ⑤ 성지순례(아랍어로 핫지라고 함)를 일컫는다.

슬림도 인내심을 배우는 셈이다.

그러나 단식을 하지 말아야 할 때가 있다. 그것은 바로 이슬람의 양대 축제인 이둘 피트르(Eidul fitr, 파지절)와 이둘 아드하(Idul adha, 희생제) 때이다. 무함마드가 단식이나 순례를 마치고 즐겁고 음식을 나누어 먹고 우의를 다지며 알라께 찬양을 드려야 하는데 이 축제 기간 중에 단식을 행함은 알라의 뜻을 어기는 것이라고 보기 때문이다. 그리고 이슬람력으로 무하르람 달 10일, 핫지 달 11~13일에도 단식이 금지되어 있다. 가능한 한 라마단 달이 시작되기 전 라잡 달이나 샤으반 달에도 단식을 하지 않는 게 좋다고 한다. 이슬람은 예외적으로 단식을 근행하지 않아도 되는 조항을 두고 있다. 예를 들면 임산부나 여행자, 지하드(Jihad, 성전)를 수행 중인 자는 예외를 하고 있다.[15] 어린이들도 단식에서 제외되나 본인이 원하면 할 수도 있다.

1961년 튀니지에서는 하비브 부르기바(Habib Bourguiba) 대통령이 라마단 기간의 단식이 생산을 감소시킨다고 하여 무프티에게 그의 국가시책에 알맞은 파트와를 발표하도록 요청하고 심지어 라마단 기간 동안에 그의 각료들과 먹고 마시는 모습까지 텔레비전으로 보여주었다. 하지만 튀니지의 대(大) 무프티(Grand Mufti)인 아슈(Sheikh Altaher Ibn Ashoo)는 단호하게 거절하면서 코란 2장 183절을 인용하여 단식은 무슬림들에게 주어진 의무이며 그것을 지키지 않음은 죄이고 단식은 생산성을 저하시키지 않는다고 맞서기도 했다. 이슬람 사회에

15) http://al-islam.org/nutshell/#LawsandPractices를 참조.

서는 단식을 따라야 하는 것이 불문율로 되어 있다. 그러나 만약 단식을 어긴다 하더라도 이것은 실정법이 간섭할 수 있는 성질이 아니고 자신들의 신앙에 맡길 수밖에 없는 영역이다. 한편 단식을 의도적으로 어겼다면 어긴 날만큼 물질적으로 채워서 갚아야 한다.

(6) 순례 시 금기

무슬림들은 경제적 여유가 있으면 최소한 한 번은 메카로 성지순례를 다녀와야 한다. 순례를 위하여 무슬림은 몇 달 동안 마음의 준비를 하며 믿음의 형제인 무슬림들끼리 나눌 우의와 며칠간 지속되는 움마(Umma, 이슬람 공동체)[16]를 그리게 된다. 순례의 기원은 아브라함이 그의 아들 이스마일을 데리고 메카의 카으바 신전을 일곱 바퀴 돈 것에서 비롯된다.

순례기간 중 금기시되는 것은 여러 가지가 있는데, 예를 들면 머리를 가리는 것, 자신의 머리나 타인의 머리를 자르는 것, 사냥감을 살생하는 것, 향수를 바르는 것, 재봉된 옷을 입는 것, 손톱이나 발톱을 자르는 것 등이다. 신에게 성결하고 깨끗하게 다가가려면 순수 그 자체여야 하는데 인위적인 장식을 하고 꾸미게 되면 그 본질을 훼손하게 되기 때문이다. 만약 이를 어길 경우에는 보상을 하거나 불쌍한

16) 무함마드는 코란의 계시를 메카와 메디나 두 곳에서 23년간 받게 되는데 메카 계시는 13년, 메디나 계시는 10년으로 메카 계시는 유일신에 대한 주제가, 메디나 계시는 이의 실천 특징으로 나타난다.

사람들을 도와야 죄가 삭감된다. 코란 2장 186절에는 순례를 행할 수 없는 경우는 자기 능력의 범위 내에서 재물을 바치라고 기록되어 있다.

2) 이자

이슬람은 사업을 통한 자본의 증식은 허용하나 이자는 금기시하고 있다.[17] 코란은 이자에 대하여 다섯 곳에서 경고를 한다.

> 이자를 탐하는 자들은 사탄이 스치므로 정신을 잃어 일어나는 것처럼 일어나며 말하길 장사는 고리대금과 같도다 …… 알라께서는 장사는 허락하셨으나 이자는 불법으로 만드셨노라(코란 2:275).

> 알라께서는 이자를 없이 하시고 ……(코란 2:276).

> 믿는 자들이여, 이자를 거듭하여 삼키지 말라 ……(코란 3:130).[18]

> 만약 너희들이 믿는 자들이면 이자를 포기하라(코란 2:278).

---

17) 이슬람에서는 이자를 금지하고 있으나 다양한 금융기법으로 돈을 맡긴 자와 빌려쓰는 자, 양자를 위한 융통적인 형태의 이자형태가 있다.

18) 이 외에도 코란 2장 279절, 30장 39절에도 이자에 대하여 언급되어 있다.

이슬람은 믿음이 있는 자라면 이자를 포기하라고 가르치고 있으며 채무자가 어려우면 지불연기를 해주고 더욱 좋은 것은 차라리 받지 않고 자선을 베푸는 것이라고도 가르치고 있다.

무함마드도 이자를 받는 자나 이자 활동의 증인이 되어 서류를 꾸며주는 자는 알라의 저주가 있을 것이라고 경고하고 있다. 이자 제도를 금지하는 이유는 불로소득의 원천이 되며 이는 인간을 말살시키고 형제애를 고갈시키는 행위라고 보기 때문이다.[19] 또한 이자는 73개의 죄악의 문을 두드리는 것과 같으며 그중에 가장 약한 문이라 하더라도 자기 모친을 간음하는 것이라고 했다. 이자행위는 바로 지옥으로 가는 지름길이기에 이슬람은 무이자 은행을 운영하고 있다. 그러나 몇몇 나라에서는 돈을 맡기면 이자를 주기도 한다.

3) 결혼과 관련된 금기

이슬람은 결혼을 알라가 인간에게 부여하는 축복으로 생각하기 때문에 반드시 하라고 명하고 있다. 코란 2장 223절에는 여자를 경작지에 비유하고 남자는 이를 가꿀 의무가 있는 농부에 비유하고 있다. 경작지만 있고 이를 농사지을 농부가 없어도 안 되고 역으로 농부만 있고 경작지가 없으면 무용지물이나 다름없다. 결국 둘은 필연적으로

---

19) 무슬림들은 이자를 받지 않고 무슬림 형제자매에게 돈을 빌려주는 것은 그들에게 선을 베풀 수 있는 기회라고 본다.

만나야 하는 것이다. 그러기에 이슬람은 금욕과 독신을 배격하고 있다. 타당한 이유 없이 아내나 남편을 멀리하는 것도 금하고 있다. 이것들은 모두 알라의 섭리를 어기는 것이 되기 때문이다. 무함마드도 결혼을 종교의 반을 완성한 것이라고 표현했다. 그러나 이슬람은 결혼 성립의 조건을 엄격히 규제하고 있다.[20] 소위 일부다처제라고 타 문화권에서 비아냥거리는 복혼은 나름대로 근거가 있는 것이다. 이슬람 초기에 영토 확장을 하면서 남자들이 선봉에 나가게 되자 자연적으로 사상자가 많이 생기게 되었다. 이에 이슬람 사회가 공동으로 미망인이나 고아를 돌보아줄 필요성이 대두된 것이다. 무함마드는 살아 있는 남자들에게 동등하게 사랑을 베풀 수 있는 경우 둘, 셋 또는 네 명의 여인과 결혼할 수 있도록 권장했다.[21] 이는 권장이지 무슬림들의 의무사항은 아니었다. 물론 소수지만 신앙심이 없는 무슬림들이 성적 욕망을 채우려고 복혼을 하는 경우도 간혹 있다. 그러나 이것은 진정한 이슬람의 모습은 아니다.

하디스에 의하면 다음과 같은 결혼은 금기시되고 있다(최영길, 1985: 309~312 참조).

---

20) 결혼이 성립되기 위해서는 보호자인 왈리(Waliy)가 있어야 하고, 두 명 이상의 증인, 마흐르(Mahr)라고 부르는 결혼 혼납금이 있어야 하며 결혼서약이 이루어져야 한다.

21) 코란 4장 3절 참조.

(1) 일시결혼

일시적으로 두 남녀가 한 달 또는 1년이라는 정해진 기간 동안 결혼생활을 하는 것이다. 아랍어로는 니카훌 무뜨아(Nikahu al-Mutah)라고 하는데 무뜨아는 쾌락이나 만족을 뜻한다. 만약 무뜨아 결혼임이 밝혀지면 그것은 무효가 된다. 최근 서구나 우리나라에서 동거가 일반화되고 있는 상황에서 보면 구태의연하다고 생각될 수도 있으나 다른 한편으로 이슬람의 전통을 지켜나가는 규범이라고 볼 수 있다. 한편 이슬람의 시아파에서는 이를 용인하고 있다.[22)]

(2) 교환결혼

아랍어로 결혼은 이것은 니카훌 쉬가르(Nikahu al-Shgar)라고 한다. 이 제도는 간단히 말하면 서로가 딸을 주고받는 결혼행위이다. 예를 들면 A가 자신의 딸을 B과 결혼하게 했다면 B는 A의 딸과 결혼하는 것을 말한다. 이슬람은 결혼을 마치 물물교환하는 것처럼 이용하는 것을 반이슬람적 요소로 보고 금기시하고 있다.

(3) 성지순례 시 결혼

이 결혼은 아랍어로는 니카훌 무흐림(Nikahu al-Muhrim)이라고 한다.

---

22) 이슬람의 양대 종파인 시아파에서는 이를 용인하고 있는데 외국에 취직했거나 또는 유학 중일때 자신의 성적 욕망을 채우기 위해 결혼한 경우 결국 이것이 결혼으로 이어질 수 있다고 한다. 이혼한 남녀가 결혼에 환멸을 느껴 이를 선호하는 경우도 있다.

이슬람은 성지순례를 무슬림의 다섯 가지 의무인 5행 중 하나로 보고 있으며, 경제적 능력이 되면 무조건 순례를 다녀오는 것이 신앙의 실천이다.[23] 그러므로 이 성스러운 달에 결혼하는 것은 금기시된다. 설사 결혼을 하더라도 무효가 된다. 무함마드가 이흐람[24] 상태에 있는 결혼은 무효라고 한 것에 기인하고 있다.

(4) 니카훌 무할릴(Nikahu al-Muhallil)

이 결혼은 한 남편에게 세 번 이혼당한 여자는 다른 남자와 결혼했다가 이혼한 후가 아니면 첫 남편과 재혼할 수 없는 것을 말한다. 코란에는 이에 대하여 다음과 같이 언급하고 있다.

> 만일 한 남편이 세 번째로 이혼을 했다면 그녀가 다른 남자와 결혼하여 다시 그 남편이 그녀와 결혼할 때 까지는 그녀와 결혼할 수 없나니라(코란 2:230).

이븐 마스우드에 의하면 선지자 무함마드는 무할릴[25]과 무할랄라후[26]를 저주했다고 한다.

---

23) 순례를 다녀온 사람은 이름 앞에 핫지라는 칭호가 붙는다.

24) 순례를 하겠다는 의도와 옷차림을 말한다.

25) 한 남편에게 세 번 이혼당한 여자가 그 남자와 다시 결혼하기 위해 의도적으로 결혼한 다른 남자를 지칭한다.

26) 세 번 이혼을 선언하여 여자와 이혼했던 그 첫 남편을 지징한다.

(5) 잇다(Iddah) 기간 중의 결혼

이슬람에서는 재혼을 허용하는데 여기에 잇다라는 재혼 유예 기간을 두고 있다. 이 제도를 채택한 것은 전 남편의 아이가 이혼한 여자의 배에서 자랄지도 모르기 때문에 일정 기간 동안 전 남편의 아이를 임신했는지 아닌지를 판단하는 것이다. 잇다 기간 중에 한 결혼은 당연히 무효이기에 무슬림은 이를 금기시하고 있다.

(6) 기타 금기된 결혼

이 외에도 이슬람에서는 후견인(Waliyy)이 없는 결혼은 무효이다. 왈리는 이슬람에서 요하는 네 가지 결혼 요건 중 하나이기 때문이다. 그리고 우상숭배를 하는 사람이나 무신론자와의 결혼도 무효이다. 이슬람에서는 결혼할 수 없는 여자를 무하르라마트(Muharramat)라고 하는데 이 범주에 속하는 여자들은 다음과 같다.

① 혈연관계의 여자: 어머니, 할머니, 외할머니, 딸, 손녀, 손녀의 딸, 누나, 여동생, 누나와 여동생의 딸, 조카의 딸이나 손녀, 숙모와 외숙모, 형과 남동생의 딸, 남동생의 아들과 딸이 낳은 딸 등과는 결혼할 수 없다. 이와 관련된 코란 구절은 4장 23절에 명시되어 있다.

② 유모 관계의 여자: 아랍세계는 전통적으로 유모제도가 있어서 유모와의 결혼을 금하고 있으며 무함마드는 유모관계의 여자들도 혈육관계의 여성들과 같다고 했다.

③ 사돈 관계의 여성: 코란 4장 22절에는 아버지와 결혼한 여자들(즉, 큰어머니나 작은어머니 관계의 여자들), 장모와도 결혼이 허용되지

않는다고 쓰여 있다. 물론 며느리나 질녀와의 결혼도 금하고 있다. 이런 결혼은 수치스럽고 저주받은 관습으로 간주하고 있다.

이 밖에 회개하지 않은 간음한 여자와의 결혼도 금하고 있다. 코란 3장 3절에는 간음한 여자는 간음한 남자와 결혼하거나 또는 불신자 남자와 결혼하라고 명시되어 있으며 역으로 남자의 경우도 마찬가지이다.

결혼과 관련한 금기에는 다음과 같은 것도 있다. 간음과 간통, 동성애, 법적인 이유 없이 이혼을 요구하는 것, 법적인 이유 없이 부부생활을 허락하지 않은 것, 월경 기간 중에 섹스를 하는 것, 항문으로 섹스하는 행위, 동물과 섹스하는 행위 등이다. 이러한 행위들은 모두 반이슬람적인 것으로 알라의 저주나 노여움을 받게 되는 행위라고 본다. 최근 동성연애자가 많아지자 대부분의 아랍국가에서는 사형을 선고하기도 한다.

4) 음식과 관련된 금기

음식과 관련하여 이슬람은 원칙적으로 모든 것을 허용하되 먹지 말아야 할 것에 대해서는 코란에 명확하게 구분하고 있다. 하람의 대표적인 것은 술과 돼지고기이다. 일반적으로 이슬람에서 금기시하는 영역은 다음과 같다.

- 돼지고기: 햄이나 돼지고기로 만든 음식

- 비(非)이슬람식으로 도살한 육류[27)]
- 도살 전에 이미 죽은 동물
- 알라의 이름이 아닌 다른 이름으로 도살된 동물
- 취하게 하는 알코올 음료
- 피와 피로 만든 음식(순대나 선지국 등)
- 끓인 포도 주스[28)]
- 위에 언급된 것들로 오염된 음식류

이와 같이 분명하게 구분되는 할랄과 하람의 음식이 있지만 간혹 분명하지 않은 것들도 있다. 그것들은 마슈뷰흐(Mashbooh)라고 부르며 '의심스럽다'라는 의미가 있다. 이 범주에 속하는 음식들은 입증이 될 때까지 하람 영역에 속하게 된다.

코란은 알코올류의 경우 분명하게 하람의 영역에 포함시키고 있으며 술과 마약류도 하람이다. 알코올류로 만든 음식도 또한 하람이다. 그러나 빵이나 간장, 식초는 할랄로 간주하고 있다. 이것은 음식을 제조하는 동안 자연발생적으로 발효된 화학적 현상이므로 인위적인 의도가 개입되지 않았기에 하람으로 여기지 않는다. 알코올 성분을 포함한 몇몇 의약품과 치약은 일반적으로 할랄 부류에 속하며 대체제

---

27) 필자는 이슬람 국가에서 유학할 때 어느 교민이 자동차를 몰고 가다가 양을 대여섯 마리 치어 죽여서, 주인에게 그 양고기를 가져가라고 하니 이슬람식으로 도살된 양이 아니라 가져가지 않는다고 한 것을 본 적이 있다.

28) 포도 주스는 무게가 끓여서 2/3가 될 때까지는 할랄이나, 1/3이 되면 하람이다.

를 찾지 못한다면 이슬람에 위배되지는 않는다. 또한 코란은 바다에서 취한 모든 것을 할랄로 인정하고 심지어 상어도 할랄로 인정하고 있다. 코란 2장 172절에는 알라께서 인간을 위하여 마련한 좋은 것을 먹고 감사하라고 기록되어 있으며 173절에는 좀 더 구체적으로 하람에 속하는 육류에 대하여 언급하고 있다.[29)]

(1) 술

인류 역사와 더불어 술은 동고동락을 같이해온 음료이다. 기록상으로 인류가 언제부터 술을 마시기 시작했는지는 알 수 없으나 고고학자들은 선사시대부터일 것이라고 추정한다. 시리아의 수도인 다마스쿠스(Damascus) 남서쪽에서 발견된 유물 가운데 과일과 포도를 짜는 데 사용된 압착기가 발견된 것으로 보아 포도주는 기원전 6,000년경으로 거슬러 올라간다고 볼 수 있을 것이다. 어쨌든 알코올의 역사는 유구한 것이 틀림없다. 이렇게 인간의 삶과 떼려야 뗄 수 없는 술은 유용성도 있었지만 종종 폐해도 있기에 금주법이 발동하기도 했다.[30)] 어떤 종교에서는 특정 의식에만 사용하고 항시 음용하지 않았다. 그러나 이슬람의 경우 술은 돼지고기와 더불어 금기시되는 대표적

---

29) 죽은 고기와 피와 돼지고기를 먹지 마라. 또한 알라의 이름으로 도살되지 아니한 고기도 먹지 마라. 하지만 고의가 아니거든 어쩔 수 없이 먹을 경우는 죄악이 아니라 했나니……(코란 2:173).

30) 미국도 술에 대한 폐해가 심하여 1920년 1월 17일에서 1933년 12월 5일까지 금주법을 제정하여 시행했다.

음식물이다.

이슬람은 음식 가운데 발효된 것을 제외한 야채 음식은 금기시하지 않고 있다. 발효된 것에는 알코올 성분이 있기 때문에 금기시하는 것이다. 발효의 근원이 대추야자든 보리든 포도든 아니면 이와 유사한 것이든 인간을 취하게 하여 인간의 뇌에 영향을 미치면 그것은 금기시되는 것이다. 물론 육체에 영향을 미쳐도 안 되는 것이다. 어쨌든 취하게 하는 어떠한 것도 금기시한다. 취한다는 것은 인간의 이성을 흐리게 하여 판단을 제대로 못하게 하기 때문이다. 판단을 흐리게 하는 것은 이슬람적 길에서 벗어나는 행위를 할 소지가 다분하다. 이에 이슬람에서는 술에 대한 금지를 코란과 하디스를 통하여 수차례 경고하고 있다. 그러나 현실에서는 법이나 종교적 양심을 던져버리고 술을 즐겨 마시는 일부 무슬림도 있다. 무엇이든지 과하면 부작용이 생기듯 술도 적당량을 마시지 않고 과음을 하여 불미스러운 결과를 낳게 된다. 음주에 대한 인간의 자동제어장치가 없기에 강제로 이를 막을 도리가 없게 되자 법 제정이 필요하게 되었다. 고대 메소포타미아의 함무라비 법전도 "주벽이 심한 자에게는 와인을 팔지 말아야 한다"라는 규정이 있을 정도였으니 당시에도 술버릇이 나쁜 술고래가 많았던 모양이다.

태양이 작열하는 사막의 낮에 목축을 하거나 농사를 짓는 일은 인내의 도를 시험하는 생활이다. 여기서 고통을 잊게 해주는 유일한 수단은 저녁에 동구 밖에 앉아 잡담을 하며 술을 한 잔씩 들이키는 일이다. 우리 농부들에게도 막걸리가 노동 생산력에 큰 기여를 하고 단합을 이루는 좋은 촉매제 역할을 했음은 이미 알려진 사실이다. 중동 사회에서도 환경적 요인으로 인하여 술을 늘 마셨다. 그러나 무함마드는 술을 마신다는 것이 이익보다는 손실이 더 크다고 생각한 듯하다. 그는 어려서부터 메카에 살면서 성지순례를 오는 순례자와 오가는 대상들, 메카의 여러 부족이 술을 마시며 고성방가하고 싸우는 모습을 목격했을 것이다. 무함마드는 술에 대한 정의를 내렸는데 "취하게 하는 모든 음료는 술이며 어떤 술이든지 금지이다"라고 못을 박았다(Yusif; 72, 1980). 어린 무함마드에게는 메카를 들락날락하는 외지인이나 주민들이 곤드레만드레 취해 결국에는 늘 싸움으로 종결되는 술좌석이 불미스럽게 각인되었을 것이다. 무함마드는 유복자로 태어나 어머니마저 6살 때 돌아가고 든든한 후견인이었던 할아버지마저도 8살 때 세상을 떠났기에 세상이 다소 부정적으로 보였을 수도 있다.

이에 무함마드는 술을 모든 악의 씨앗으로 보고 이를 멀리하라고 가르친다. 더군다나 술 자체를 악마로 보니 이슬람권에서 음주를 엄하게 다스리는 것은 당연한 일이다. 술을 먹으면 생각이 신을 떠나버리니 어찌 신앙에 광명이 있으며 경외하는 마음이 생기겠는가? 그럼 무함마드의 술에 대한 그의 언행록(서정길: 225~226)을 보자.

"술은 악마다"

"술을 먹지 말라"

"술은 모든 악의 씨앗이다. 악을 멀리하거라"

"술을 먹으면 가슴에서 신앙의 광명이 사라진다"

"모든 취하는 것은 금기이다"

코란에 나타난 술에 대한 금기 구절도 보자. 이와 관련된 구절은 코란 곳곳에 나타나 있다. 코란에 나타난 술은 두 가지 종류이다. 하나는 현세에서 마시는 술이며 또 하나는 천국에서 마시는 술[31)]이다. 현세의 술에 대한 금기의 기원은 코란 5장 90절에 명확히 나타나 있다.

> 믿는 자들이여, 술과 도박과 우상숭배와 점술은 사탄이 행하는 불결한 것이거늘 그것들을 피하라. 그러면 너희가 번성하리라.

이슬람은 술 자체를 사탄이 행하는 불결한 일로 본다. 술과 관련된 모든 것(즉, 생산, 판매, 마시는 것, 먹고 이성을 잃는 것 등)은 사탄으로 인해 시작된다고 본다. 그러므로 대부분 이슬람 국가에서는 금주를 단행하고 있다. 술을 마시지 않으면 알라의 말씀에 복종하게 되는 것이므로 알라의 축복을 받아 번성하게 된다고 본다. 그러기에 현세에서의 알라에 대한 절대적 신앙은 현세는 물론 내세의 축복까지 안겨다주는 것이며, 여기에 타 종교와 이슬람교의 차이가 있는 것이다. 타

---

31) 천국에서 마시는 술은 카푸르가 혼합된 술이라고 한다. 코란 76장 5절을 참조하라.

종교의 경전은 행위의 결과에 대하여 내세에서 치르는 것만을 이야기 하지만, 이슬람은 내세는 물론 현세에 대한 처벌까지도 언급하기 때문이다.

코란에 나타난 술에 관한 금기를 좀 더 보도록 하자.[32]

> 술과 도박에 관하여 그대에게 물을 때, 일러 가로되 그 두 가지에는 큰 죄악과 인간에게 유용함이 있으나 그 두 가지의 죄악이 효용보다 크니라(코란 2:219).[33]

여기에서 우리는 술과 도박에 유용함이 있으니 이를 통하여 경제적 유익함을 가진다고 생각할지도 모르나, 이슬람에서 이런 종류의 재산 축적은 부도덕 또는 반이슬람적으로 벌어들인 돈이라고 생각하여 철저히 배격한다.

> 믿는 자들이여, 술에 취하여 예배를 드리지 말라.

---

32) 이슬람 법학파 가운데 말리키 학차, 샤피 학파, 아흐마드 학파 등은 원료 자체가 발효할 때부터 술로 간주하며 아부하니파는 그것을 마셔서 취할 경우 술로 간주하고 있다.

33) 메디나에 살던 안사르(메카에서 메디나로 피신해온 메카 주민들을 도와준 메디나 주민을 지칭함)들이 선지자인 무함마드에게 찾아와 술과 도박으로 인하여 판단도 흐려지고 재산도 잃었다고 하자 이 계시가 내려졌다고 한다.

사탄은 너희 가운데 적의와 증오를 유발시키려 하니 술과 도박으로 써 알라를 염원하고 예배하려 함을 방해하려 하도다(코란 5:91).

사탄은 늘 우리에게 선한 마음보다는 악함 마음을 들게 하며 우리가 미움과 증오로 적개심을 갖도록 하게 한다. 그런데 멀쩡한 정신에는 그렇게 만들기가 쉽지 않기에 사탄은 술을 이용하여 인간이 알라에게서 멀어지게끔 부추기는 것이다. 술을 먹음으로써 지고한 알라 앞에 다가서는 것이 저 강 건너편의 일이 되어버리고, 점점 신앙생활을 어려워지게 되므로 술에 대한 경고를 두고 있는 것이다. 아부 하이얀(Abu Hayyan)도 "술과 도박은 현세와 내세를 해치는 것"이라고 말하고 있다. 결국 코란은 술을 사탄이 인간을 유혹하는 근원으로 보고 죄악의 온상이 되며 불결한 것으로 보고 있다. 그리고 더 나아가 신과 자신을 멀리 떨어지게끔 기도하고, 예배하는 것을 방해하는 악의 온상인 것이다. 그러므로 무슬림에게 술을 권하는 것은 대단한 실례가 된다. 그러나 현실을 보면 간혹 이를 어기는 사람들도 있다. 술을 마시는 무슬림의 숫자는 우리가 생각한 것보다 의외로 많다.

그럼 아랍 각국의 알코올에 대한 현황을 간략히 살펴보자. 사우디아라비아의 경우는 술 종류의 생산, 수입 또는 소비를 완전히 금지하고 있다. 그리고 이 법을 어기는 사람에게는 엄격한 벌금을 부과하고 몇 주일간 감옥을 보내거나 태형을 가한다. 1991년 걸프 전쟁 동안 연합군은 사우디 현지의 신앙을 존중하여 연합군에게 술을 마시는 것을 금지하기도 했다. 하지만 소수의 부유한 사람들은 법을 우롱하듯이 법을 암암리에 위반하고 있다. 카타르 역시 술의 수입을 금지하고 있으며 공공연히 술을 마시거나 취한 사람을 처벌해야 할 범죄자로 다룬다. 위반자는 감옥에 가거나 국외로 추방당할 수도 있다. 하지만 허가를 받은 호텔의 레스토랑이나 바에서는 주류를 판매한다. 카타르에 사는 외국인들은 허가제도 내에서 술을 구해서 마실 수 있다. 그러나 술을 먹고 고성방가를 하거나 사고를 내면 큰 처벌이 따른다. 아랍에미리트는 그곳에 거주허가증이 있는 비무슬림 외국인과 내무성의 주류허가증을 가진 사람들에게만 주류판매점에서 주류를 구입할 수 있도록 제한을 두고 있다. 그러나 바나 클럽과 기존의 주류허가를 가진 조직들은 제한을 받지 않는다.

걸프 연안 국가 가운데 가장 서구적인 국가로 알려진 바레인에서는 술을 가장 먼저 허용했는데, 초기에는 사우디에서 간선도로를 건너온 사람들이 바레인에서 즐겨 마셔 그곳의 주류시장이 호황을 누리기도 했다. 이란은 1979년 이슬람 혁명 이후 술의 소비와 생산에 제한을 두기 시작했고, 법을 위반한 사람들에게 엄한 처벌을 가했다. 그러나 공식적으로 인정한 비무슬림 소수파에게는 자신들이 마실 포도주 생산을 한다거나 또는 성찬식과 같은 종교적 의식에 사용하기 위한 경우에 관해서 주류생산과 제조를 허용하고 있다. 아프가니스탄의 경우는 탈레반의 통치기간 동안 술이 금지되었으며, 탈레반 정권이 축출된 후 외국인에게만 법 적용을 배제하고 있다. 따라서 외국인은 외국인임을 증명할 수 있는 여권을 제시함으로써 특정 가게에서 술을 구입할 수 있다. 리비아의 경우는 위반자들에 대하여 무거운 벌금형과 더불어 알코올의 수입, 판매, 소비를 금지하고 있다. 튀니지에는 포도주 이외의 주류생산에 대한 선택적인 법이 있어 특별한 구역이나 바에서 관광객을 위하여 주류소비나 판매를 허용한다. 그러나 포도주는 광범위하게 마실 수 있다. 모로코의 경우는 라마단 기간 동안에는 주류판매를 금지한다. 모로코와 튀니지아는 관광객이 주로 유럽인이라 관광수입 차원에서 외국인이 술을 마시는 것에 대하여 관용을 베푸는 편이다. 수단은 모든 주류 소비를 금지하며 위반자에게는 심각한 처벌을 하는 상황이다.

(2) 돼지고기

코란 5장 3절에는 무슬림에게 금지된 육류에 대하여 상세히 기록해 놓았다. 알라의 이름으로 도살하지 않은 것, 목 졸라 죽인 것, 때려잡은 것, 떨어뜨려 죽인 것, 서로 싸우다 죽은 것, 다른 야생 동물이 먹다 남은 고기, 우상에 제물로 바쳐졌던 고기, 화살로 점을 치기 위해 잡은 것 등이다. 무함마드는 여기에 추가하여 뽀족한 엄니나 독치를 가진 동물과 맹수 가운데 날카로운 발톱을 가진 종류인 독수리나 솔개, 매를 금기시했다.

돼지고기는 이슬람에서 대표적으로 금기시되는 음식이다. 코란 2장 173절에는 돼지고기를 먹지 말라고 경고하고 있다.[34)]

34) 그 밖에 돼지고기를 먹지말라는 경고를 코란 5장 3절, 6장 145절과 16장 15절에 담고 있다.

죽은 고기와 피와 돼지고기를 먹지 말라. 또한 알라의 이름으로 도살되지 아니한 고기도 먹지 말라. 그러나 고의가 아니고 어쩔 수 없이 먹을 경우는 죄악이 아니라 했거늘 알라께서는 진실로 관용과 자비로 충만하심이라.

이슬람에서 금기시한다는 이유가 아니더라도 돼지고기의 유해성은 이미 일반적으로 많이 알려져 있다. 돼지고기에는 독충과 유충이 많아 질병을 잠재적으로 많이 가지고 있다고 한다. 또한 돼지는 불결한 동물로 콜레스테롤과 포화지방산이 높아 담석과 비만의 원인이 되기도 한다. 돼지고기를 많이 섭취하는 나라에서 촌충 보유자가 많이 나타나며 상대적으로 선모충도 더 많이 발견된다고 한다. 결국 돼지고기 섭취로 인한 부작용이 더 많기에 무슬림은 돼지고기 섭취를 금하고 있는 것이다. 물론 돼지고기의 이점도 있지만 무슬림들은 코란에 명시되어 있고 이에 덧붙여 해로운 점이 많기에 이를 거부하는 것이다. 기독교와 유대교도 역시 돼지고기를 금하고 있다. 구약 성경에도 다음과 같이 기록되어 있다.

돼지는 발굽이 쪼개져 있고, 되새김질을 하지 않아, 너희에게 깨끗하지 않느니라. 돼지의 살을 먹지도 말 것이며, 그 죽은 고기는 만지지도 말라(신명기 14:8).

5) 남녀 관계

(1) 명예살인

이슬람에서 살인은 대죄에 해당한다. 그런데 가끔 명예살인이 언론에 오르내리고 있어 안타까움을 자아낸다. 원칙적으로 이슬람에서는 허용하지 않은 제도이고 코란 어디에도 언급이 없다. 그러나 파키스탄과 요르단에서는 심심찮게 명예살인이 자행되고 있다. 본인이 원해서든 아니든 남자와 섹스를 한 여자는 가족 구성원 가운데 어느 누구에 의해 살해되는 것이다. 현대의 도덕과 법으로 보면 무지하기 그지없는 오행(惡行)이다. 가족 구성원은 가문의 명예를 더 중시하기 때문에 최종적인 선택을 하게 되는 것이다. 이러한 명예살인은 주로 농촌 지역이나 오지에서 발생하며 상대적으로 가난한 계층에서 일어나고 있다. 법원은 가부장적 사회에서 가문의 명예와 관련되어 일어나는 일로 간주하여 드물게 관여한다. 요르단 형법 340조는 간통을 저지른 자신의 부인이나 여자 친척을 발견하는 사람은 그들(두 간부) 중 한 사람을 죽이거나 상처를 입혀도 어떠한 형벌로부터 면제된다고 되어 있다. 이 조항의 폐지가 정부에 의해 두 번 제안되었으나 하원에서 유보되었다. 시리아 형법 548조도 요르단과 비슷한 내용을 담고 있으며, 모로코의 형법 418조는 남편이나 여자의 친척 중에 어느 누군가가 간통 중에 있는 간부들을 놀라게 해서 저지른 살인이나, 상처를 입히거나 폭행을 한 것은 용서가 된다고 되어 있다. 파키스탄의 경우는 명예살인을 카로 카리(Karo Kari)라고 부르는데 관행은 일반 살인의 명목으로 기소하도록 되어 있지만 실제로 경찰이나 검찰은 종종 이를 무시한다. 남성들은 명예살인에 대해 전혀 부담감을 느끼지 않기 때문에 파키스탄에서는 2003년에만 1,261명의 여자들이 이와 같은 명목으로 죽었고, 유엔인구기금(United Nations Population Fund: UNPF)에 의하면 이슬람 세계에서 매년 5,000명 정도가 명예살인으로 희생되고 있다고 보고한다. 지난 2001년에는 요르단의 한 청년이 불륜을 이유로 자기 여동생을 30여 차례 칼로 찔러 살해했다. 청년이 1심에서 사형을 언도받자 그의 가족은 항소를 했고, 2심에서 그는 징역 10년으로 감형됐다. 3심에서, 법원은 그의 행동이 '고의적 살인' 범주에 속하지 않는다고 인정했다. 요르단 형법 98조는 "상대의 불법행위가 분노를 일으켜 살인을 저지를 경우 감형을 허락한다"고 규정한다. 이 조항을 근거로 그 청년은 징역 6개월만 치른 후 자유의 몸이 되었다.

명예살인의 대부분이 이슬람 문화권에서 자행되기 때문에 많은 사람들은 이것을 종교에서 유래한 전통으로 오인하기도 한다. 그러나 실제로 이슬람 학자나 지도자는 명예살인이 종교 정신에 위배된다고 비판한다. 이란의 최고 지도자 아야톨라 하메네이(Ayatollah Khamenei)는 명예살인은 이슬람의 정신에 위배되며, 만일 간음과 같은 죄를 저지르더라도 관대한 처벌에 그쳐야 한다고 말한다. 한편, 이집트 아즈하르 대학교의 신학자 셰이크 아티야 사끄르(Sheikh Atiyyah Saqr)는 "이른바 명예살인라고 불리는 행태는 도덕과 법을 무시한 무지의 소치에 불과하다. 이러한 관행은 일벌백계로 다스리지 않으면 근절되지 않을 것이다"라고 질책의 목소리를 높이고 있다.[35] 터키의 경우는 종종 명예살인이 일어나지만 그 실형이 미미한 편이다. 결국 명예살인은 이슬람 사회에서 범죄에 속하지만 법이나 사회가 관용을 베풀고 있는 셈이다.

(2) 남녀유별

이슬람 사회는 남녀유별을 중시한다. 하디스에도 아이들이 십대가 되면 잠자리를 따로 하라고 나와 있다. 그러기에 여자들은 어려서부터 히잡을 쓰고 남녀 간의 내외를 배우고 있다. 아랍 국가의 거리를 지나면 아직 남녀가 팔장을 끼고 걷는 모습을 발견하기란 쉽지 않다.[36] 최근 아랍에미리트의 아즈만(Ajman) 이슬람 제1차 법정은 아랍에미리트 출신 남자 대학생과 이집트 여학생이 은밀한 장소에 함께 있었다는 이유로 죄를 물어 부과한 1,500디르함(약 55만 원)의 벌금형을 지난 2006년 3월 11일 상급심에서 확정했다. 이 두 남녀는 한적한 공단지대에서 자동차 안에 함께 있었으나 두 남녀는 증언에 따르면 아무런 일도 없었다고 증언했다. 그러나 이슬람 국가에서는 야간에 인적이 드문 곳에 남녀 둘이 있었다는 것 자체만으로 처벌이 가능한 것이다. 이와 같은 처벌은 1983년 9월 수단 정부가 이슬람법을 발표한 후

---

35) 이 사건의 전말은 한국외국어대학교 외국학종합연구센터, ≪국제지역정보≫ 제10권 1호(통권 150호)에서 인용함.

36) 그러나 터키나 레바논 등지에서는 어렵지 않게 이런 광경을 발견할 수 있으며 더 진한 애정행각도 볼 수 있다. 세태의 흐름을 종교가 감당하기에는 힘겨운 듯하다.

매일 아침마다 뉴스시간에 나오던 메뉴였다. 예를 들면 '어느 남자와 어느 여자가 빈집에 있는 것이 발견되어 곤장 50대에 벌금 100파운드를 부과했다'는 식이었다. 남녀유별이 엄격한 이슬람에서는 남녀 둘이서만 빈집에 있는 일은 용납될 수 없는 것이다. 이러한 이슬람의 남녀유별은 특히 사우디의 경우 더 엄격하다. 예를 들면 식당에 들어갈 때도 남녀가 들어가는 문이 따로 있고, 대학교에서 강의를 할 때도 남자 교수는 여학생의 얼굴을 볼 수 없으며 여학생은 남자 교수의 얼굴을 볼 수 있다. 남녀공학대학이 없으며 여자 단과대학이 따로 있을 정도이다. 물론 이슬람 사원도 남녀가 예배를 보는 공간이 따로 마련되어 있다. 당연히 그럴 수밖에 없는 것이, 기도를 하기 위해 엎드리면 엉덩이가 올라가게 되므로 여자들이 남자 앞에서 그런 자세를 취한다면 예배를 드릴 수 없다. 이슬람은 이런 경우의 수까지 철저히 계산한 것이다. 2006년 9월에 사우디 종교 당국이 메카 대사원이 비좁다는 이유로 카으바 신전 주위에서 여자들이 예배 보는 것을 제한하려 하자 사우디 여성계에는 "남녀 모두가 알라의 집에서 예배 볼 권리가 있다. 남자들이 우리들의 권리를 뺏을 자격이 없다"라고 반발하기도 했다.[37)]

무함마드도 "나는 낯선 여인과 악수하지 않는다"라고 하여 원천적으로 남녀 간에 발생할 수 있는 어떠한 불륜적 요소라도 사전에 예방

37) http://blog.joins.com/media/folderListSlide.asp?uid=amirseo&folder=7&list_id=6784522 참조.

한다. 그는 낯선 여자와 있게 되면 유혹당하기 쉽다며 조심하라고 가르치고 있다. 무함마드의 남녀유별관은 불륜과 타락을 막고 참다운 신앙을 지키라는 의도가 내포되어 있는 것으로 해석해야 할 것이다.

(3) 히잡

히잡은 이슬람 이전시대부터 내려온 중동 지역의 오래된 풍습이며 우리나라도 불과 100년 전까지만 해도 여자들이 머리쓰개를 착용했다. 서구는 히잡을 이슬람 사회와 결부시켜 부정적으로 억압의 기제라고 폄하하고 있다. 최근에 프랑스에서는 히잡의 착용을 금지하여 무슬림의 항의를 받기도 하고 많은 소요가 일어나기도 했다. 2001년 9·11사태가 일어난 후 이슬람권은 더욱 종교적으로 결속이 되었고 길거리에서 히잡을 쓴 여자들이 전보다 더 눈에 많이 띄었다. 실제 아랍 여대생들과 대화를 해보니 오히려 히잡을 착용함으로써 신앙심이 깊어지고 자기들의 정체성을 지키는 데 도움이 된다고 했다. 튀니지의 경우 히잡 착용 금지를 법제화했지만 실제로 거리에 나가면 히잡을 착용한 여자들을 볼 수 있다. 코란 33장 59절은 확실하게 히잡을 쓰라고 명하고 있다.

> 예언자여 그대의 아내들과 딸들과 믿는 여자들에게 베일을 쓰라고 이르라. 그때는 외출할 때니라. 그렇게 하는 것은 편리하고 간음당하지 않도록 함이라.

코란은 여자를 보호하기 위하여 히잡 착용을 의무화하고 있다. 무함마드는 여성의 순결을 조개 속의 진주로 비유했으며 히잡을 쓰는 것은 여성을 보호하기 위해서라고 했다. 코란 24장 31절은 남녀가 시선을 맞추지 않는 것이 이슬람적 예절이라고 가르치며 남자를 유혹하는 그 어떤 것도 드러내보이는 것을 금하고 있다. 여자가 소리 내어 걸음으로써 남성을 유혹해서도 안 된다고 가르치고 있다. 이슬람에서는 여자가 살을 드러내 보이면 남자에게 음욕을 품게 하고 이것이 종국에는 성범죄로 비화될 가능성이 있기 때문이라고 본다. 실제로 한 연구에 의하면 강간범들이 여자의 드러난 몸매에 현혹되어 순간적으로 범행을 저지른 경우가 많다고 한다. 이와 같은 코란의 배경을 놓고 보면 이슬람에서 히잡을 쓰는 것은 당연지사인 것이다. 히잡을 쓰는 당사자들이 불편하다고 느끼는 게 문제이지 제삼자가 이러쿵저러쿵하는 것은 문제의 본질을 오도할 뿐이다.

여자가 자신의 몸을 노출할 수 있는 대상은 친족으로는 남편, 친자식, 시아버지, 남자 형제, 조카 등이며 성욕이 없는 하인이나 성에 눈을 뜨지 않은 어린 남아에 한정된다. 히잡은 성범죄를 예방하기 위한 차원인 것이다. 그러나 만약 히잡을 쓰지 않은 경우 실정법에서 이를 구체적으로 벌할 수 있는 조항은 없다. 다만 스스로의 신앙적 양심에 맡길 뿐이다. 그러나 지난 2005년 5월에 파키스탄에서 유명한 여자 진행자가 부르카[38]를 착용하지 않고 방송을 진행하여 명예살인

---

38) 파키스탄과 아프가니스탄 등지에서 여자들이 착용하는 히잡을 일컬음.

을 당했다. 누가 죽였는지는 분명하지 않지만 확실한 것은 그녀가 이슬람법을 위반하고 히잡을 벗어던졌다는 점이다. 그리고 지난 2007년 2월 20일에는 파키스탄 펀잡 주의 현직 여성 장관이 히잡을 쓰지 않았다는 이유로 이슬람 광신도에 의하여 살해당했다. 살해범은 알라는 여자가 높은 통치자 자리에 앉는 것을 인정하지 않았다며 실형을 살고 나온 후에도 잘못된 길을 가는 여자들은 모두 처형하겠다고 독설을 했다. 이에 파키스탄 정부는 여성보호법을 추진하고 있지만 보수파의 강공책에 머뭇거리고 있을 뿐이다. 1980년 초에 여자 총리가 출현한 나라가 파키스탄인데도 히잡은 여성의 상징으로 계속 이어지고 있는 것이다. 아프가니스탄에서도 탈레반 정권 당시에 모든 여성이 히잡을 쓰도록 강요받았으나 현 정부하에서는 선택사항일 뿐이다. 사우디아라비아는 아바야(Abaya)[39]와 니깝(Niqab)[40] 중 선택하여 쓸 수 있으나 대부분의 여성들이 니깝을 쓰고 다니고 있다. 이란도 히잡의 착용이 시행되고 있다. 이슬람 혁명을 성공시킨 이란의 호메이니(Ayatollah Ruhollah Khomeini)는 1979년 3월 히잡을 제국주의와 부패에 대항하는 상징으로 사용했다. 이란의 경우는 히잡이 머리를 덮는 부위가 많고 적음에 따라 정부의 강경책 정도가 느껴진다고 한다. 여성들이 히잡을 머리 뒤로 많이 넘기면 여자에 대한 억압이

---

39) 여성들이 입고 다니는 느슨한 옷으로 얼굴을 제외한 전체를 가린다. 사우디에서는 여성들이 이것을 쓰지 않으면 종교 경찰이 쓰도록 강요한다.

40) 얼굴 가리개에 해당한다.

덜 심한 것이라고 한다. 한편 모로코에서는 머리에 스카프를 착용하는 것을 법으로 금하고 있는 실정이다. 튀니지는 전통복과 어울리게 차림새를 꾸미도록 유도하는데 히잡 착용 금지를 은근히 내세우나 공식적으로는 부인하고 있어 이슬람 단체들이 반발을 하고 있다.

6) 기타 금기

이슬람의 금기는 일상생활 전반을 통제하고 있다고 해도 과언이 아니다. 이슬람은 생활 종교이므로 시·공간을 초월하여 잘못된 길을 가는 인간을 인도하고자 금기 영역을 정해놓은 것이다. 그럼 위에서 언급된 것들 외에 금기사항들을 보자.

(1) 사(詐)행위

코란 83장 1~3절에는 물건의 양이나 수량을 속여서 파는 돈을 벌려는 자에게는 화가 있다고 기록되어 있다. 이는 무함마드가 생존했을 당시에는 물물교환이 성행하고 있었기에 종종 저울 눈금이나 수량을 속이는 경우가 있었던 사회상을 반영한다. 이슬람에서는 도둑질이나 뇌물을 제공하는 행위, 남의 임금을 지불하지 않는 행위, 증인으로서 위증을 하는 행위, 거짓 유언장을 만드는 행위, 고리대금 행위, 중재에 대한 보답으로 그 대가를 받는 행위, 거짓 계약서를 쓰는 행위 등이 일반적인 사행위에 해당한다고 볼 수 있다. 이러한 사행위는 비이슬람권에서도 발생하는 해악이기도 하다.

(2) 가족

가족관계에서도 금기시되는 여러 가지 사항이 있다. 예를 들면 아내를 공평하게 대하지 않은 경우나 여성의 부도덕한 행동을 보고 침묵을 지키는 행위 등이다. 그리고 부정한 행위로 낳은 아이를 자기 아이가 아니라고 부인하는 것, 자식들을 동등하게 대하지 않고 편애하는 것, 가난으로 인해 자식을 버리거나 죽이는 행위 등이다.

(3) 죄

양심을 거스르는 죄는 스스로의 가책만 받을 뿐 타인이 모르기 때문에 대수롭게 여기기 쉽다. 이슬람은 이런 종류의 금기로 파와히쉬(al-fawaahish, 부끄러운 죄, 비합법적인 성교 등등)를 저질러서는 안 되며, 샤리아에 의한 충분한 근거가 있지 않는 한 알라가 금했던 사람은 아무도 죽여서는 안 된다.

> 큰 죄악과 간음을 피하려는 자가 작은 실수를 하였을 때는 너의 주께서는 충분히 관용을 베푸시니라(코란 53:32).

(4) 기타

이 외에도 이슬람에서 금기로 삼는 것은 알라가 허락한 것을 금지하고 알라가 금지한 것을 허락하는 것, 알라 이외에 다른 대상을 섬기거나 제물을 바치는 것, 점치는 행위, 징조 등 미신에 의지한 신앙행위 등이다. 무프티가 이야기하는 금기는 다음과 같은 것들이 있다. 몸에

짝 달라붙는 옷을 입거나 너무 노출을 많이 한 옷차림새는 금지되며, 남자가 여장을 하거나 여자가 남장을 하는 것도 허용하지 않는다. 옷에 그림이나 사진을 넣은 것도 금기이다. 그러나 상술에 뛰어난 상인들은 서구문물을 그대로 모방하고 있다. 남녀구별이 엄격한 이슬람 사회에서는 신이 정해준 성(gender)을 마음대로 바꾸는 성전환수술은 금기이다. 이슬람은 사치스러운 것도 금기시하고 있다. 식사나 파티에서 금이나 은으로 만든 용기를 사용하는 것이나 쓸데없이 과소비를 조장하는 결혼식이나 장례식도 금하고 있다. 그러나 일부 부유층은 호화롭게 결혼식을 치르기도 한다. 그리고 무덤 위를 걷거나 무덤과 대화하는 것도 비이슬람적인 행동이나 말썽꾼들은 거기서 술을 먹고 노름을 하기도 한다. 그리고 초상이 나면 상주들이 곡을 하기도 하는데 이슬람에서는 고인의 영혼이 고통을 당하므로 울지 말라고 하나 현실은 그렇지 않다. 아름다움을 위하여 머리에 염색을 한다거나 가발을 착용하는 것, 성형을 하는 행위도 이 범주에 속한다. 물론 인간들이 종교적 가르침보다는 현실을 따르고 있는 것도 인간의 이중성 때문이 아닐까 한다.

3. 이집트의 금기

이집트도 이슬람 국가이므로 이집트인의 금기사항도 대부분 종교에서 연유한 것이다. 사회변혁이 급속화됨에 따라 사람들의 삶도 급격한 변화를 겪게 되었고 이를 선도하는 부류들도 출현하게 되었다. 특히 페미니스트들이 그간 여성 억압과 불평등이라는 굴레를 벗어나자고 부르짖고 있다. 이러한 운동의 앞장선 사람이 바로 나왈 사와디(Nawal Sawadi)이다. 그녀는 정신과 의사로 가부장제를 비판하는 내용의 책을 40권 이상 저술했고 이집트 사회 내 평등 속의 불평등을 개선하기 위하여 인권운동가로 활약해오고 있다. 하지만 종교 지도자들은 그녀를 '알라를 버린 자'라고 규정하고 그녀의 남편에게 이혼할 것을 강요했지만 2001년 이집트 법정은 그럴 필요가 없다고 판결을 내렸다. 아직 이집트 사회의 금기는 종교와 관련되어 있어 이러한 것들은 외국인에게 낯설게 느껴진다.

1) 술과 히잡에 대한 금기

이집트 전설에 의하면 술은 오시리스(Osiris)[41] 신이 만들었다고 한다. 이집트의 술과 관련된 법조항은 구체적으로 나와 있다. 그러나 히잡과 돼지고기에 관련된 법 조항은 개괄적으로도 언급되어 있지 않다. 이집트 법조문에는 공공장소에서 여러 형태로 알코올류를 제공하는 것을 금하고 있으며 관광을 위한 클럽이나 호텔, 관광지에서의 주류판매는 예외로 한다. 이유를 막론하고 주류광고는 금지되고 있는데 이를 위반하면 2주 이상 6개월을 넘지 않은 범위 내에서 구류형에

41) 저승을 지배하는 신으로 이시스(Isis, 풍요의 여신)의 남편이다.

처해진다. 벌금은 20 이집트파운드 이상 100파운드 미만이다.

한편, 최근에 사우디아라비아의 왕족인 압둘 아지즈 이브라힘이 카이로의 5성 호텔을 매입하여 술 판매를 중단했다. 그리고 식음료장에 비축되어 있던 30만 달러 상당의 술을 하수구에 버렸다. 신심이 독실한 압둘 아지즈에게 이집트 관광성과 호텔협회가 그를 설득하여 술을 재판매하도록 노력했지만 성과가 없었다. 그의 입장에서는 이슬람 국가인 이집트에서 술을 판매하는 것은 비이슬람적이기에 단호히 거부하고 있는 것이다. 이집트 호텔협회장은 만약 그가 술 판매 제안을 받아들이지 않으면 그가 소유한 카이로 그랜트 하얏트 호텔이 2성급으로 낮아지게 될 거라고 경고하고 있다. 이슬람법에서 음주는 분명히 금기이지만 세속적인 법으로 금지된 것이 아니기 때문에 관광수입감소를 우려하는 이집트 정부의 고민은 날로 깊어지고 있다. 국민을 먹여 살리는 관광수입이 줄어들면 결국 그것이 반정부 행태로 이어지기 때문이다. 현행 이집트 호텔법은 3성급 이상 호텔은 손님이 원하면 술을 팔 수 있게 되어 있다.[42)]

히잡의 경우는 대부분 아랍국가에서는 서구의 영향을 받아 여성의 히잡 착용을 법적으로 다루지 않으며 이를 종교적·개인적 신념의 문제로 받아들이고 있다. 다만 모로코에서는 여성의 히잡 착용을

---

42) http://news.chosun.com/site/data/html_dir/2008/06/18/2008061801272.html 참조. 한편, 사우디의 어떤 부호가 대우건설이 수단 나일 강변에 지은 영빈관 호텔을 사들여 오로지 숙박과 음식만 제공하고 수영장들을 폐쇄하기도 했다.

금하고 있다. 현지 조사 시에 모로코에서도 시골이나 길에서 가끔 히잡을 쓴 여인을 보았는데 그렇다고 경찰이 간섭하는 것도 보지 못했다. 이집트의 경우도 히잡에 대한 법적인 간섭이 없고, 시골이나 종교적 냄새가 물씬 풍기는 카이로 시내에 있는 알 아즈하르 대학교 근처에 가면 히잡을 쓴 여자를 많이 볼 수 있다.

2) 성

최근 이집트 사회도 성문제에 대하여 금기가 깨지고 있다. 젊은이들의 혼전관계는 아직 그 경험자 비율이 미미하나 점점 늘어나는 추세이며 사회도 서서히 용납하고 있다고 한다.[43] 그러나 보수 종교단체들은 이런 세태를 강하게 비난하고 있다. 낙태는 이집트에서 금기이자 불법이다. 그러나 점점 낙태가 늘어나고 있으며 정확한 통계는 아무도 모른다. 어떤 청년은 내가 왜 죄의식을 가지느냐고 반문하기도 하나, 대부분의 젊은 층은 아직 이슬람에서 금지한 행위이므로 혼전관계는 반대한다고 목소리를 높이고 있다.

이집트에서는 중동 문화와 종교적 보수성으로 인하여 성교육이 거의 금기시되다 보니 '부적절한 성관계'로 인한 에이즈의 감염이 날로 늘어나고 있다. 또한 사회적 분위기 자체가 성 문제에 대한 공개

---

43) http://news.bbc.co.uk/2/hi/middle_east/4708461.stm 참조. 처녀막 재생수술비용은 이집트 돈으로 1000파운드나 되며, 달러로 약 173불 정도이다.

적 담론이 어려운 상황이라 겉은 멀쩡하지만 속으로 곪아가는 형국이다. 종교가 매춘을 금기시하고 있지만 실제 아랍 국가의 매춘은 공공연한 비밀이고, 다만 위정자들이나 종교 지도자들이 밝히기를 꺼려할 뿐이다. 이러한 상황에서 뜻 있는 종교 지도자들이 지난 2004년 12월 14일 카이로에 모여 에이즈 확산 방지책을 논의했다. 이 회의에는 저명한 이슬람학자인 유수프 카르다위(Yūsf, al-Qaraḍāwi)도 참석했다. 유엔개발계획(United Nations Development Program: UNDP)에 의하면 아랍권 내의 에이즈 감염자 수는 약 54만 명이라고 한다. 종교적 금기라는 이중의 울타리가 치어졌는데도 물고기가 빠져나갈 수 있는 구멍이 있었던 셈이다.

성에 대한 설문조사를 통해서도 성과 관련된 사회적 금기가 깨지는 것을 볼 수 있다. 이 조사는 작년 세계적인 콘돔회사인 듀렉스가 아랍권 10개국에서 3,189명을 대상으로 한 것이다. 재미있는 것은 응답자의 18%가 여성이라 아랍권 여성들도 성생활에 대해 깊은 관심을 가지고 있음을 알 수 있었다. 설문 내용은 피임 방법, 섹스 횟수, 성교육 시기 관한 내용이었다. 이처럼 금기시되는 내용에 대하여 답한 아랍인들을 보면 이제 서서히 성문이 열리는 듯하다.

2006년 9월 18일자 ≪이집트 가제트(The Egyptian Gazette)≫지는 중동의 오프라 윈프리(Oprah Winfrey)라고 불리는 이집트의 토크쇼 진행자인 할라 사르한(Hala Sarhan)이 이슬람에서 금기시되는 주제[44)]

---

44) 할라는 외도, 매춘, 여성 할례 등을 다루었다.

를 많이 다루었다고 보도했다.[45] 압력단체들은 '할라 쇼'가 음담패설을 통해 어린아이들과 여성에게 해를 끼친다며 사주에게 그녀를 해고하라고 촉구하기도 했다. 결국 그녀는 보수 세력으로부터 사임 압력을 받아 사표를 내게 되었다. 이슬람이 주류사회인 이집트에서는 아직 금기시되는 주제를 담론으로 삼기에 사회적 공감대가 이루어지지 않은 것이다.

일부 이슬람 국가에서는 여성 성기 절제가 성행하고 있다. 이집트에서도 무슬림이든 콥틱교도이든 종교에 관계없이 정도의 차이는 미세하게 있지만 이 관습이 똑같이 이어지고 있다. 법으로 수술 자체가 금지되어 있지만 불법 시술이 성행하여 바이러스에 노출된 환자가 질병으로 사망하는 사례가 적지 않다. 관련 단체들은 정식 의사에게 수술을 받도록 하여 피해자를 조금이라도 구제하려 하고 있다. 이집트에서는 여성 성기 절제를 다룬 영화 <두니아(Dunia)>가 개봉을 앞두고 많은 문제에 봉착하기도 했다.[46] 유년기에 관습이라는 명목으로 성기절제수술을 받은 주인공은 영육 간에 충격을 받고, 성인이 되어 결혼을 하고 나서도 남편과의 성생활에서 기쁨을 찾지 못한다. 이를 극복하고자 춤과 시로 온종일 땀을 흘리지만, 결국 그녀는 남성 위주

---

45) http://news.gom.com.eg/gazette/pdf/2006/09/18/01.pdf 참조. 이집트 위성채널인 알 마흐와르도 토크쇼를 통해서 이슬람의 금기사항인 혼전관계, 간통, 여성의 오르가즘, 오럴섹스 등에 대하여 다루었다. http://www.telegram.com/apps/pbcs.dll/article?AID=/20061211/NEWS/612110331 참조.

46) http://www.ohmynews.com/nws_web/view/at_pg.aspx?CNTN_CD=A0000381172 참조.

의 사회제도에 반기를 들고 제2의 성기절제수술을 막고자 투쟁을 벌이게 된다는 내용이다. 기존의 금기를 여성에 대한 억압으로 보고 진정한 자유를 찾는 그녀에게 가족이나 남성 위주의 사회는 냉담함을 보이고 있다.

이집트에서 2000년에 행해진 한 여론조사에 따르면 딸을 가진 여성 중 80%가 자신의 딸에게 성기절제를 시켰다고 대답했다. 2000년 조사는 1995년 조사보다는 7%나 떨어진 것이다. 물론 이런 성기절제시술은 주로 교육 수준이 낮거나 상대적으로 문화적 혜택이 적은 시골에서 이루어진다. 남자가 성기절제시술을 받은 여자를 선호한다고 믿는 비율을 보면 시골에서는 10명 중 8명인 데 반해 도시에서는 4명밖에 없었다. 사실 이 문제는 코란에도 언급되어 있지 않고 법적으로도 엄연히 금지되어 있는데도 특히 이집트와 수단에서는 관행적으로 행해지고 있다.

최근 이집트 의회는 강간범이 피해 여성과 결혼할 경우 형사처벌을 면해주는 내용의 형법을 폐지하였다. 이집트 형법 290조에는 '여성을 납치한 경우 무기징역, 납치 강간의 경우에 사형'을 내린다고 되어 있다. 그러나 이집트 형법 291조를 통하여 강간범이 피해 여성과 혼인하면 재판부의 재량으로 형을 면제할 수 있다고 명시되어 있다. 현재는 이 조항이 없어졌기에 강간범은 피해 여성과의 결혼에 상관없이 처벌을 받게 되어 있다. 이 법의 통과에는 무바라크(Mubarak) 대통령과 무프티의 지원이 컸다. 이집트 사회도 여성의 순결을 중시하기에 어떤 이유이든 간에 여성이 강간을 당하면 어쩔 수 없이 강간범과 결혼을 해왔다. 가족들은 가문의 명예를 중시하기에 차라리 강간범과 결혼하는 것이 가문의 명예도 지키고 조용히 일을 처리하게 된다고 여겼던 것이다. 하지만 여기에는 여성의 의중이 하나도 반영되지 않고 있기에 그 결혼 생활은 순탄하지 않게 된다. 중매쟁이에 의하면 강간범과의 결혼은 90% 이상이 1년 안에 이혼으로 이어진다고 했다.

이집트 사회에서도 도박, 거짓말 , 살인, 도박, 유괴, 사기 등이 금기사항이다. 남녀관계로 인한 낙태나 동성연애, 간통과 간음 등도 금기사항이다. 하지만 최근에 카이로 거리를 걷다 보면 다정하게 손을 잡거나 팔짱을 끼고 어깨를 껴안는다든지 하면서 자연스럽게 걸어가는 남녀를 많이 볼 수 있다. 중동 지역은 경제적 이유라든가 아니면 부족 가운데서 이상형을 찾기 힘들기 때문에 호모가 있는 것도 사실이다. 이집트에서 동성애는 법적으로 금지된 것은 아니며 금기시되고 있다. 지난 2001년 11월에 이집트 정부는 23명의 동성애자에 대하여 '성적으로 부도덕하다'는 혐의로 2~5년 형을 선고했다. 이에 국제 엠네스티(Amnesty International)는 즉각 단순히 동성애를 했다는 이유로 이집트 정부가 이들에게 차별, 박해, 폭력을 당하고 있다고 주장했다.[47]

이상의 이러한 금기사항들은 이집트적인 것이라기보다는 이슬람 사회에 공통으로 나타나는 현상으로 보아도 무방하다.

---

47) http://www.glapn.org/sodomylaws/world/egypt/egnews87.htm 참조.

3) 오른손 사용의 문화와 화장실 문화

손의 사용이 이항대립을 보여주는 것은 이슬람 사회에서도 마찬가지이다. 이슬람의 가르침에 의하면 오른손은 선하고 성결한 것을 다루고 왼손은 불결하고 천한 것을 다루는 것으로 묘사하고 있다. 그러기에 식사는 오른손으로 하고 코란도 오른손으로 만진다. 돈을 줄 때에도 반드시 오른손을 사용한다. 반면에 화장실에서 볼일을 본 후에는 왼손을 사용한다. 예를 들어 코란을 왼손으로 만지면 호되게 야단을 맞는다. 감히 알라의 말씀이 실린 경전을 오른손이 아닌 왼손으로 만치는 불경을 저질렀기 때문이다.

최근에는 서양식 화장실이 호텔에나 레스토랑에 잘 설치되어 있지만, 시골이라든가 장거리 버스가 잠시 쉬는 정류장은 아직도 아랍식 화장실이 대부분 남아 있다. 아랍식 화장실에 들어가면 일반적으로 변기와 수도, 빈 깡통이 놓여 있거나, 양동이에 물을 담아놓은 것을 볼 수 있다. 변기 한 가운데에는 둥근 구멍이 뻥 뚫려 있으며, 준비된 빈 깡통과 수도는 배변처리를 하기 위한 것이다. 아랍식 화장실에서는 종이를 사용하지 않기 때문에 통에 물을 담아놓는다. 이 물을 사용해서 왼손으로 엉덩이와 변기를 씻는다. 남자들의 경우에는 소변을 앉아서 볼 일을 본 후 한참 동안 성기를 물로 씻어내는 경우를 볼 수 있다. 이렇게 배변은 이집트 사회는 물론 아랍세계에서 부정한 것으로 여겨지기 때문에 이때는 왼손을 사용한다.

이집트에는 공중변소가 많이 있지도 않을뿐더러 배뇨를 느끼는 이집트인들은 화장실을 별로 이용하지 않는다. 즉, 아무 곳에서나 볼일을 본다. 심지어 유적지의 건물 내부를 견학하다 보면 소변 냄새가 코를 찌르는 것이 허다하다. 이집트 가정의 화장실은 거의 수세식으로 바뀌어가고 있고 공간도 넓다. 그리고 성교 후는 반드시 샤워를 해야 한다.

4) 출산

아이의 탄생은 축복이다. 이집트인들은 아이를 출산한 날 아침에 두세 사람의 무용수를 불러 집 앞이나 마당에서 춤을 추게 한다. 아들을 출산한 경우에는 딸을 출산한 경우보다 더욱 요란스럽다. 무슬림이든 콥트교도이든 간에 아기를 출산한 후 7일째가 되면 산모의 친구들이 산모를 방문하여 금반지, 금팔찌나 돈을 아기에게 준다. 그리고 문지방을 건너는 의식을 거행하는데 이것은 중성인 상태에서 자기의 본래의 성을 찾음과 동시에 가족의 구성원이 되는 이집트인들의 통과의례 중 하나이다. 그리고 아기의 집을 방문하는 사람들은 소금과 회향(fenne)꽃씨를 혼합하여 각 방의 바닥에 뿌린다. 이러한 의식은 '아기와 산모를 악마의 눈으로부터 보호해준다'는 의미를 가진다. 그리고 방문객에게는 힐바(Hilbeh)를 대접한다. 출산 후 40일이 되면 종교적으로 불결한 여인이라는 사실에서 벗어나기 위해 목욕탕에 가서 목욕을 해야 한다.

5) 의복

이집트 사회는 다방면에서 변혁을 겪고 있는데 니깝이 그 중심에 서 있다. 최근에 일어난 한 사건을 보면 학생들이 이슬람 전통을 지키려는 반면 오히려 학교 당국이 벗기기에 열중하는 듯하다. 2006년 10월에 카이로 남쪽으로 20km에 위치한 헬로완 대학교가 여학생들에게 모두 니깝을 착용하지 못하도록 해서 논란이 일어났다. 학교 당국은 히잡은 얼굴이 보이지만 니깝은 얼굴을 가리고 있어서 그 학교 학생인지 아닌지 구분하기 어렵다는 것이다. 학생들은 '니깝 착용은 전적으로 개인의 선택사항이므로 학교 당국이 이에 간섭하는 것은 옳지 않다'고 주장했다. 학생들은 '얼굴 확인이 목적이라면 여자 안내원을 고용하면 될 것이 아니냐'고 맞선 것이다. 결국 이 문제가 이집트의 종교 최고기관인 '알 아즈하르(al-Azhar)'에 넘어가 히잡과 니깝 착용이 종교적 의무라고 주장하는 파와 이를 반대하는 파로 나뉘어 답이 없는 논쟁을 지속했다. 이집트 경찰 당국도 최근 공항 검색 시에 여자 승객들에게 니깝을 벗어줄 것을 요구하고 있다. 사우디아라비아와 걸프 연안의 국가들은 니깝으로 완전히 얼굴을 가린다거나 눈조차도 가리고 있기 때문이다.

이집트 사람들은 남녀, 빈부, 노소에 따라 각기 다른 옷을 입어 왔으나, 이러한 전통의복은 많이 사라지고 매우 간소화되어 있다. 남자들의 경우, 매우 종교적인 사람이거나 가난한 하층의 사람들이 우리나라 두루마기와 유사한 발목까지 내려오는 '갈라비야(Galabiya)'

를 입고, 머리에는 하얀 면으로 감싼 터번을 쓰기도 한다. 머리에 감싸는 '터번'을 아랍어로는 '쿠피야(kufiya)'라고 부른다. 남자들은 '타끼야'라고 불리는 모자를 쓰고 다니기도 한다. 여자들의 경우에는 전통적으로 다양한 종류의 베일, 히잡, 옷을 입었으나, 지금은 많이 서구화되어 멋을 한껏 부린 원색으로 된 아름다운 색깔의 히잡으로 머리를 감싼 후에 '갈라비야'를 입는다. 전통적인 옷차림을 하는 경우는 거의 드물지만 코란에 나오는 복장에 대한 가르침을 따르기 위해 노력한 흔적은 보인다. 즉, 옷자락이 긴 옷으로 무릎 이하, 또는 발목까지 감추고 성욕을 유발시킨다는 머리카락은 히잡으로 안보이게 감싸고 다니는 것이다. 요즈음 이집트에는 베일을 하고 다니는 여자들이 다시 늘기 시작했는데 아마 9·11 이후 종교적 정체성을 표시하기 위한 것이 아닌가 한다. 코란 24장 31절에 나오는 히잡에 관련된 부분을 보면 다음과 같다.

> 그 눈을 내리뜨고, 또 감추어야 될 곳을 지키고, 겉으로 노출된 부분 이외에는 그 아름다운 곳을 사람들의 눈에 띄지 않게 하라. 또 베일은 가슴팍까지 내려오게 하라. 그리고 자기 남편, 자기 부모, 남편의 부모, 자기 자식, 남편의 전처 자식, 자기의 형제, 형제의 자식, 하인으로 부르는 여자 노예, 성욕이 없는 하인(성불구자), 그리고 여자의 요염함에 대해서 아무것도 모르는 어린이 이외의 자에게는 그 아름다운 곳을 보이지 않도록 하라.

6) 춤

이슬람적 관점에서 춤은 금지되고 있다. 그러나 이슬람 이전부터 내려오는 이러한 전통을 막을 수는 없었다. 아랍 국가들은 각국마다 전통춤이 있으며 이집트에는 지팡이를 갖고 춤을 추는 개인 춤이나, 배꼽춤(Belly dance), 또는 남녀가 분리되어 4~5명씩 춤을 추는 집단 민속춤 등이 있다. 이 중 배꼽춤은 유래가 터키라는 설도 있지만 정확히 알 수는 없다.

그러나 춤이 허용된다고 하지만 남녀 간에 몸을 밀착한 유형의 춤은 보이지 않는다. 섹스어필이 되는 행위는 스스로 철저히 금하고 있는 편이다. 금기는 깨어졌다가 또다시 허용되고 다시 깨어지는가 보다. 배꼽춤은 이집트 관광수익원 중 큰 부분을 차지하고 있으며, 파티에서 배꼽춤은 빠지지 않는 프로그램 중 하나일 정도이다. 이집트 여자들은 거의 배꼽춤을 출 줄 안다. 우리나라에도 수많은 벨리댄스 동호회가 결성되어 있다. 이집트에도 얼마 전에 벨리학교가 문을 열어 문전성시를 이루었는데 울라마들(이슬람 율법학자)에게 계속 폐쇄하라는 압력을 받고 있다. 이란에서도 여자가 남자 앞에서 가무를 펼치는 것을 금지하고 있다.

고대 이집트에는 남자 벨리 댄서가 있었다. 파라오 무덤 부조 등에는 종교의식에서 남자들이 띠를 엉덩이에 두르고 춤을 추는 모습이 조각되어 있다. 그리고 이슬람 문화가 유입되면서 춤이 주춤해진 영향으로 1834년부터 1849년까지 여자 댄서들의 활동이 금지되기까지 했다. 이슬람은 노출을 금하고 있기 때문이다. 또한 가말 압둔 나세르(Gamal Abd al-Nasir) 전 대통령은 춤을 옛 왕실의 퇴폐문화로 보아 남자 댄서들이 자연적으로 사라지게 되었다. 그러나 최근에 이집트에서 남자 벨리 댄서가 되살아나고 있다. 동성애를 금지하는 이집트 수면 아래에 잠자고 있던 남성 댄서들이 서서히 활동을 시작하고 있는 것이다. 그들은 여자 댄서와의 차별화를 위하여 심혈을 기울이고 있다.

7) 결혼[48)]

결혼의 전제조건은 신랑과 신부가 누구의 아들이고 누구의 딸이냐 하는 것이다. 무슬림 남자가 기독교 여자나 유태교 여자와 결혼하는 것은 가능하나, 무슬림 여자가 기독교 남자하고 결혼하는 것은 불가능하다. 결혼계약(혼인신고)은 '마으준(al-m'azun)'이라는 사람들이 수속을 대행해준다. 성인 무슬림 남자 2명 앞에서 신부의 허락을 받은 후견인이 여자의 동의를 전달한 후 코란 '파티하(al-fatiha: 개경장)'를 읽으면 결혼은 성립된다. 결혼식은 주로 목요일 밤에 많이 한다. 그래서 목요일 밤에 카이로 시내를 걷노라면 결혼을 알리는 경적을 울려대는 차량을 자주 볼 수 있다. 신부는 결혼식 전 2일 동안 여자 친구들과 같이 놀면서 여자 친구들이 목욕시켜주고 화장시켜주고 체모를 깎아

48) http://blog.naver.com/musa23/100032365072를 일부 참조했음.

주도록 한다. 결혼식이 끝나면 신랑, 신부는 신혼여행을 가지 않고 곧장 침실로 들어간다. 그 다음날 아침이 되면 신랑은 '샤리프(sharif)'라고 외치면서 방문을 열고 피 묻은 손수건을 흔들면서 기뻐하며 나온다. 신부의 처녀성은 이슬람 사회나 이집트 사회에서 아주 중요한 명예이며 가문에 대한 체면이다. 그리고 신부의 처녀성은 신랑이 오로지 자기만이 신부의 순결을 정복했다는 정복감이나 권한이기도 하다. 우리 사회에서도 처녀막 재생시술이 유행한 적이 있었는데, 이집트도 그런 상황이다. 사실 처녀막은 남녀의 성교가 아니더라도 여러 가지 상황에서 파손될 수 있으나 남자들의 이기심은 처녀보다는 처녀막이 중요하다고 믿고 있는 듯하다. 결혼 후 처녀막이 터져서 그 흔적으로 피가 나오지 않으면, 이것은 집안의 대망신이며 처녀적에 이미 부정한 짓을 한 여자로 낙인되어 신부 아버지나 오빠가 살인해도 문제가 되지 않는다. 이집트 시골에서는 지금도 이런 사건들이 벌어지고 있다. 이를 미리 간파한 가문에서는 산파가 신부의 질에 닭피를 발라놓거나, 질에 상처를 내어 피를 내기도 한다.[49] 침실에 들어간 신부는 일주일 동안 침실 밖에 나오지 않고, 외부에서 날라다 주는 음식을 침실에서 먹는다. 그리고 아침식사에는 꼭 닭을 들여보낸다. 이슬람 교리에 따라 생리 중에는 신부와 부부관계를 하지 않는다.

49) 이집트 사회는 소문에 의하면, 카이로 시내 산부인과 병원들의 처녀막 재생수술은 세계적으로도 정평이 나 있을 정도로 기술이 잘 발달되어 있고, 산부인과 의사들이 상당히 많은 돈을 모으고 있다고 한다.

사촌 이상부터 결혼할 수 있는 근친결혼의 풍습은 파라오 시대부터 전해 내려온 전통으로 지금도 사촌끼리 결혼하는 것을 가장 흡족하고 훌륭한 결혼으로 생각하고 있다. 따라서 사촌끼리 단둘이 집안에 함께 있는 것은 금기사항이다. 이러한 근친결혼(친족결혼)은 씨족의 이기주의를 보여주는 전형이다. 현재 이집트의 교육받은 계층들은 근친결혼의 폐단을 인식하고 기피하는 추세에 있다. 이집트의 한 의과대학의 보고서에 따르면 뇌성마비 환자들의 60%는 근친결혼을 통해 출생한 사람들이라고 한다.

일부다처제를 택하고 있는 이집트는 7,000만 명의 인구 가운데 네 명의 부인을 둔 남자가 3,242명, 세 명을 둔 사람이 8,250명, 두 명이 15만 1,920명이었다고 이집트 통계청이 2005년 초에 발표했다. 네 명의 부인을 둔 사람이 예상한 것보다 적다는 느낌이 들기도 한다.

8) 기타

이집트인들은 손님 접대에 최선을 다한다. 초청자는 음식을 많이 내놓고 그릇에 가득 담아주는 것이 초대 예절이라 생각하며, 음식이나 과일 등을 손님들 눈에 보이는 곳에 많이 놓아둔다. 초대받는 사람도 가능한 한 많이 먹는 게 예의이다. 집 주인은 "귀한 발걸음을 하셨습니다"라고 말하거나, "예언자께서 우리를 방문하셨다"라고 말하면서 손님을 정중히 맞이한다. 초대받은 집안의 여자에게 남자 손님이 직접 이야기하는 것은 큰 실례이며 이는 금기시되고 있다. 시골에서는 이러한 실례를 범하게 되면 집주인은 손님에게 화를 내면서 “너는 우리 집의 ‘호르마(Horma)’[50]가 누구인지도 모르냐”라는 말을 한다. 이것은 남녀가 엄격히 분리되어 생활하는 이슬람 전통과 여자를 존중하는 전통의 소치이다.[51]

그리고 식사 전에는 “비스밀라-히르라흐 마-니르라힘(Bismil laHir raHmanir raHim)”[52]이라고 말하고 식사를 시작한다. 또한 식사가 끝나면 “알 함두릴라(Al Hamdulliah)[53]”라고 말한다. 예언자 무함마드의 말씀 중에 “두 끼를 먹고 저녁은 과식을 하지 말라”라고 쓰여 있다. 저녁식사의 과식은 탐욕으로 취급되기 때문이다. 따라서 이집트에서의 정찬은 저녁식사가 아닌 점심식사이며, 초대도 점심 때 이루어지는 경우가 많다. 식사 중 코를 풀거나 자리를 이석하는 것은 실례가 되지 않는다. 그리고 돼지고기나 개고기를 먹는 것은 금기사항이다.

고대 이집트에서는 남녀 모두 음모와 겨드랑이 털을 깎아버리는

---

50) 부인을 지칭하는 아랍어임.

51) 필자도 2008년 초 시리아 동부지역을 갔다가 실수를 한 적이 있다. 그 동네는 아주머니들이 손을 내밀고 인사를 했다. 이튿날은 옆 동네에 가서 손을 내밀었더니 한 아주머니가 “이슬람에서는 여자와 남자가 악수를 하지 않는다”라고 했다. 물론 모르던 바는 아니었지만 앞선 동네에서 문제가 없었기에 그 지역의 특별한 문화이겠거니 생각했다가 여지없이 무너진 경험이었다.

52) 아랍어로 ‘자비롭고 자애로운 알라의 이름으로’란 뜻이다.

53) 아랍어로 ‘알라께 찬미를!’란 의미이다. 아랍인들은 감사할 일이 있을 때에도 이 표현을 잘 사용한다.

풍습이 있었다. 이 풍습은 아직도 아랍 지역에서 이어지고 있는데 이것은 이슬람의 순나에 의한 것으로, 악취를 제거하기 위한 방편으로 사용했던 것으로 문화인류학자들은 보고 있다. 음모나 겨드랑이 털을 기르는 것은 금기인 것이다. 아랍인들과 함께 기숙사에서 생활하다 보면 매주 면도날로 겨드랑이나 음모를 깎는 친구들을 볼 수 있다.

수영복과 관련된 금기가 이슬람 전통과 호텔업자 간에 논쟁이 벌어지는 사건도 있다. 홍해 연안의 어느 호텔에서는 여자 손님들과 호텔 측 간에 논쟁이 벌어졌는데 호텔 측에서 여자 손님들에게 옷을 입고 수영하지 말도록 요구하면서였다. 그러나 여자 손님들은 '이집트는 이슬람국가'라고 하면서 단호히 거부하며 사막에서 먼지를 뒤집어쓴 옷과 히잡이나 니깝을 입고 그대로 수영장에 들어가버린다. 외국 손님들은 물이 더럽다고 항의를 하나 뾰족한 해결책을 못 찾고 있는 실정이다. 호텔 측이 여자 손님들에게 옷을 벗으라고 강요할 수는 없는 노릇이다. 외국 손님을 위하여 이슬람의 금기를 깨겠다는 호텔 측과 이슬람 전통을 지키려는 여자 손님 간에 갈등이 언제 해결될지는 아무도 모른다.

휴대폰 벨소리로 코란 구절을 사용하는 것도 이슬람법에 어긋난다고 한다. 이집트의 무프티인 알리 곰마는 "코란 낭송을 휴대폰에 사용하는 것은 코란을 하찮게 여기는 행위다"라고 견해를 밝혔다.

4. 결론

이슬람 사회는 이슬람 이전 시대의 오랜 전통을 이어받으면서 이슬람이라는 종교적 계율로 이를 더욱 확고히 했다. 종교라는 특수성 때문에 인간의 모든 삶이 규제 속에서 영위되고 있으나 당사자들은 오히려 이것이 신의 섭리를 따른 길이라고 믿고 더욱 신심을 다지고 있다. 이슬람의 금기는 코란에 명확히 나와 있어서 실정법이 구태여 이에 간섭을 하지 않더라도 자율적 형태로 지켜나가고 있는 것이다. 음식의 경우 돼지고기와 술의 경우는 코란에 명시되어 있기에 그의 판매나 먹는 것을 자연적으로 금기시하고 있다. 그러나 일부 이슬람 국가는 술의 폐해가 너무나 막대하여 실정법에도 여러 조항을 두어 규제를 하고 있다. 이집트의 경우는 관광업소나 호텔 외에는 술을 팔 수 없고 먹고 취한 상태로 발각되면 구류나 벌금형이 내려진다. 돼지고기나 히잡의 경우는 실정법이 관여하고 있지 않으며 다만 자신의 신심에 맡기고 있다. 돼지고기의 경우는 워낙 폐해가 많다고 알려져 있기에 먹을 생각조차도 하지 않고 있다. 그러나 물질문명의 발달로 무프티가 어떤 사안이 발생하여 파타와를 이슬람적 입장에서 금기에 대한 발표를 한다 해도 이에 대한 순종보다는 토론의 열기가 치솟고 있는 이슬람 세계의 현실을 보면 인간의 이탈 본능을 잠재우기에는 종교적 계율도 한계가 있는 것이 아닌가 한다.

이집트는 음주에 대하여 상당히 관용을 베풀고 있다. 주류판매 허가를 받은 관광업소나 호텔에서는 자유롭게 마실 수 있다. 그러나 술에 대한 광고를 할 수 없으며 술을 먹고 취한 상태로 공공장소에서 발각되면 구류형과 벌금이 부과된다. 먹고사는 것이 중요하기 때문에 이집트는 관광국이라는 명목으로 맥주도 생산하고 있다.

이집트나 이슬람 세계는 지금 금기와 투쟁 중이며 때로는 더욱더 전통을 지키려는 움직임이 강하게 나타나고 있다. 분명한 것은 그들의 금기 문화를 우리 눈높이가 아닌 상대 눈높이에서 바라봐야 한다는 점이다.

참고문헌

공일주. 1996. 『아랍 문화의 이해』. 서울: 대한교과서.

구기연. 1987. 「이란의 헤잡(Hejāb) 관행과 '행위자(agent)'로서의 이란 여성」. ≪중동연구≫, 제6권. 서울: 한국외국어대학교.

김대성·조희선 외. 2004. 『이슬람사회의 여성』. 서울: 한국외국어대학교 출판부.

로버트 단턴(Robert Darnton). 1996. 『고양이 대학살』. 조한욱 옮김. 서울: 문학과 지성사.

르네 지라르(Rene Girard). 1993. 『폭력과 성스러움』. 서울: 민음사.

마빈 해리스(Marvin Harris). 1997a. 『문화의 수수께끼』. 박종렬 옮김. 서울: 한길사.

_____. 1997b. 『음식문화의 수수께끼』. 서진영 옮김. 서울: 한길사.

미셸 푸코(Michel Foucault). 1989. 『성과 권력』. 박정자 옮김. 서울: 인간사.

사희만. 1987. 「이집트 민간 신앙 연구: 계절제 '샴문 나씸'을 중심으로」. ≪중동연구≫, 제6권. 서울: 한국외국어대학교.

서정길. 1976. 『마호멧 전기』. 서울: 열화당.

압둘 마스우디 앗아이드. 1982. 『이슬람에로 올바른 접근』. 홍순남 옮김. 서울: 프로네시스.

오은경. 2006. 『베일 속의 이슬람과 여성』. 서울: 프로네시스

이규철. 2000. 『이집트의 문화의 과거와 현재』. 부산: 부산외국어대학교 출판부.

이원삼. 2001. 『이슬람법 사상』. 서울: 아카넷.

전완경. 2003. 『아랍의 관습과 매너(1)』. 부산: 부산외국어대학교 출판부.

제프리 버튼 러셀(Jeffrey B. Russell). 2001. 『마녀의 문화사』. 김은주 옮김. 서울: 다빈치.

정규영. 2000. 『이집트와 이집트 문명』. 광주: 조선대학교 출판부.

정수일. 2002. 『이슬람 문명』. 서울: 창작과비평사.

최영길. 1985. 『이슬람의 생활규범』. 서울: 명지대학교 출판부.

_____. 1997. 『이슬람 문화의 이해』. 서울: 신지평.

최창모. 1998. 「가인과 아벨 이야기(창4장)의 구조와 의미: 한 해석사적 연구」. 『목원성

서 연구지』 2, 대전: 목원성서 연구회.

_____. 2000. 「남·여 의복 교환착용 금기(신명기 22:5)에 관한 연구」. ≪한국중동학회논총≫, 21-1호. 서울: 한국중동학회.

_____. 2003. 『금기의 수수께끼: 성서속의 금기와 인간의 지혜』. 서울: 한길사.

_____. 2005. 『이스라엘사』. 서울: 대한교과서.

프레드릭 J. 시문스(Frederick J. Simoons). 2004. 『이 고기는 먹지마라?』. 김병화 옮김. 서울: 돌베개.

Abbasi, S. M. Madni. 1988. *Islamic Manners.* India: Adam Publishers & Distributors.

Al-Kaysī, Marwān Ibrāhim. 1991. *Morals and Manners in Islam: A Guide to Islamic Ādāb*. Riyadh: The Islamic Foundation.

Andreasen, Niels-Erik A. 1972. *The Old Testament Sabbath: A Tradition-Historical Investigation*. Montana: SBL Dissert. Ser.

Artsieli, Yoab. 2004. *Foundation for a New Covenant among Jews in Matters of Religion and State in Israel: The Gavison-Medan Covenant*. Jerusalem: The Israel Democracy Institute.

Bacchiocchi, Samuele. 1978. "How It Came About: From Saturday to Sunday." *BAR* IV.

_____. 1986. "Sabbatical Typologies of Messianic Redemption." *JSJ* XVII.

Carson, D. A. (ed.). 1982. *From Sabbath to Lord's Day: A Biblical, Historical and Theological Investigation*. Michigan: Grand Rapids.

Cohen, J. M. 1981. *A Samaritian Chronicle: A Source-Critical Analysis of the Life and Times of the Great Samaritan Reformer Baba Rabbah, SPB 30.* Leiden: Brill.

DiCenso, James J. 1996. "Totem and Taboo and the constitutive Function of Symbolic Forms." *Journal of the American Academy of Religion, vol. LXIV·3.*

Douglas, Mary. 1966. *Purity and Danger: An Analysis of Concepts of Pollution and Taboo*. London: Routledge&Kegan Paul.

_____. 1999. *Leviticus as Literature*. Oxford University Press.

Dressler, Harold H. P(ed.). 1982. "The Sabbath in the Old Testament." D. A. Carson(ed.). *Sabbath to Lord's Day: A Biblical, Historical, and Theological Investigation*. Michigan: Academi.

Durkheim, Emile. 1912. *Les formes elementaires de la vie religieuse*. The Free Press.

Elazar, Daniel J. 1996. "How Religious are Israeli Jews?" *Jerusalem Center for Public Affairs.*

_____. 1992. "Why Public Standards of Sabbath Observance?" *Jerusalem Center for Public Affairs.*

_____. 1996. "Religion in Israel: A Consensus for Jewish Tradition." *Jerusalem Center for Public Affairs.*

_____. 1997. "Orthodox and Non-Orthodox Judaism: How to Square the Circle," *Jerusalem Center for Public Affairs.*

Frazer, J. George. 1922. *The Golden Bough: A Study in Magic and Religion*. New York: MacMillan.

Freud, Sigmund. 1998. *Totem and Taboo*. New York: DoverPubllication.

Geller, M. J. 1990. "Taboo in Mesopotamia: A Review Article." *Journal of Cuneiform Studies,* vol. 42.

Gluckman, M(ed.). 1962. *Essays on the Ritual of Social Relations.* Manchester: Manchester University Press.

Hallo, W. W. 1985. "Biblical Abominations and Sumerian Taboo." *Jewish Quarterly Review* 76.

_____. 1977. "New Moons and Sabbaths: A Case-study in the contrastive Approach." *HUCA* 48.

Hasel, G. F. 1982. "The Sabbath in the Pentateuch." K. A. Strand(ed.). *The Sabbath in Scripture and History*. Washington D. C.: Revivew and Herald Publishing Corporation.

Hoffman, L. A. 1990. "The Jewish Lectionary, the Great Sabbath, and the Lenten Calendar: Liturgical Links between Christians and Jews in the First Three Centuries." J. N. Alexander(ed.). *Time and Community*. Washington D. C.: The Pastoral Press.

Izenberg, Dan . 2004. 6. 14. "High Court upholds pork sales." *The Jerusalem Post*.

Jawad, Haifaa A. 1998. *The Rights of Women in Islam: An Authentic Approach*. New York: St. Martin's Press.

Kamal, Abdul Aziz. 1989. *Everyday Fiqh, vol. 1*. Kazi Publications Inc.

Knohl, Y. 1983. "The Sabbath and the Festivals in the Priestly Code and in the Laws of the Holiness School." *Shinaton VII-VIII(1983-84)* (in Hebrew).

Kraft, R. A. 1991. "Philo and the Sabbath Crisis: Alexandrian Jewish Politics and the Dating of Philo's Works." B. A. Pearson(ed.). *The Future of Early Christianity*. Minneapolis: Fortress Press.

Kubo, S. 1982. "The Sabbath in the Intertestamental Period." K. A. Strand(ed.). *The Sabbath in Scripture and History*. Washington D.C.: Revivew and Herald Publishing Corporation.

Leach, Edward. 1961. *Rethinking Anthropology*. London: University of London Press.

_____. 1976. *Culture and Communication*, Cambridge: Cambridge University Press.

Levy, Shlomit, Levinsohn Hanna and Elihu Katz. 2002. *A Portrait of Israeli Jewry: Beliefs, Observances and values among Israeli Jews 2000*. Jerusalem: The Guttman Center of the Israel Democracy Institute and AVI CHAI(Hebrew, and Highlights in English and in Hebrew).

Levy, Shlomo(ed.). 1993. *Beliefs, Observations and Social Interaction Among Israeli Jews*. Jerusalem: Louis Guttman Israel Institute of Applied Social Research.

Liebman, Charles S. and Elihu Katz(ed.). 1997. *Jewishness of Israelis: Responses to the Guttman Report*. New York: State University of New York Press.

Lincoln, A. T. 1982. "Sabbath, Rest, and Eschatology in the New Testament." D. A. Carson(ed.). *Sabbath to Lord's Day: A Biblical, Historical, and Theological Investigation*. Michigan: Academie.

Lissak, Moshe and Emanuel Gutmann(ed.). 1979. *The Israeli Political System: A Reader*. Am Oved Tel-Aviv.

Lotz, Gulielmus. 1883. *Questiones de Historia Sabbati libri duo*. Leipzig.

McKay, Heather, A. 1994. *Sabbath & Synagogue: The Question of Sabbath Worship in Ancient Judaism*. Leiden: E. J. Brill.

Ministry of Immigrant Absorption(State of Israel). 2001. *Aliya Absorption 1989~2000*.

Morgenstern, Julian. 1966. "Sabbath." IDB.

Muhammad·Islahi, Yusuf. 2002. *Etiqeutte of Life in Islam*. New Delhi: Markazi Maktaba Ialami Publishers.

Neusner, Jacob. 1983. *The Idea of Purity in Ancient Judaism*. Leiden: E. J. Brill.

Peres, Yochanon. 1992. Religious Adherence and Political Attitudes." *Sociological Papers,* Vol. 1, No. 2. Bar-Ilan University.

Plaut, Steven . 2007. 2. 14. "The End Of Judicial Tyranny In Israel?" *The Jewish Press*.

Plutarch. 1974. "Quaestiones Convivales." M. Stern(ed.). *Greek and Latin Authors on Jews and Judaism IV. 4:4~6:2*. Jerusalem Israel Academy of Science and Humanisties.

Radcliffe - Brown, A. R. 1939. *Taboo: The Franzer Lecture 1939.* Cambridge: Cambridge University Press.

Reinfeld, Moshe. 2002. 9. 5. "Court advises Knesset to revoke law banning kashrut fraud." *Haaretz.*

Rivlin, Haim. 2005. 10. 7. "Where hallal meets kashrut." *Haaretz.*

Rosen, Irving M. 1972. "Social Taboos and Emotional Problems." *Journal of Religion and Health 11,* pp.175~180.

Rosenblum, Jonathan. 2004. 6. 18. "Nullification hogwash." *Jerusalem Post.*

Rowland, C. 1982. "A Summary of Sabbath observance in Judaism at the beginning of the Christian Era." D. A. Carson(ed.). *Sabbath to Lord's Day: A Biblical, Historical, and Theological Investigation.* Michigan: Academie.

Safrai, S.(ed.). 1987. *The Literature of the Sages, I.* Assen: van Gorcum.

Smart, J. D. 1967. *History and Theology in Second Isaiah :A Commentary on Isaiah 35, 40~66.* London: Epworth Press.

Siegel, Judy. 2000. 12. 13. "Court ruling threatens traditional circumcision." *The Jerusalem Post.*

Siker-Gieseler, J. S. 1981. "The Theology of the Sabbath in the Old Testament: A Canonical Approach." *Studia Biblica et Theologica* 11, pp.5~20.

Turner, T. 1969. *The Ritual Process.* London: Routledge and Kegan Paul.

Weinfeld, Moshe. 1981. "Sabbath, Temple and the Enthronement of the Lord-The Problem of the Sitz im Leben of Genesis 1:1-2:3." A. Caquot et M. Delcor(ed.). *Mélanges bibliques et orientaux en l'honneur de M. Henri Cazelles.* Kevelaer: Verlag Butzon&Bercker.

Weiss, Herold. 1994. "The Sabbath among the Samaritians." JSJ 25.

Wright, David P. 1991. "The Spectrum of Priestly Impurity." Gary A. Anderson and Saul M. Olyan(ed.). *Priesthood and Cult in Ancient Israel* (JSOTSupSer. 125). Sheffield: JSOT Press.

Yoaz, Yuval. 2007. 2. 26. "Friedmann says favors limits on Supreme Court's judicial review." *Haaretz*.

Abd al-Azīz bn abdullāh bn Bāz(ed.). 2003. *Fatāwā Ulamā' al-balad al-ḥarām*. al-qāhira: Dār ibn al-haytham.

Al-Baqlīy, Muḥammad Qindīl. *Waḥdah al-'Adāt wal-Taqālīd bayna Miṣr wa-al-Shām*. Cairo(n.d.): Maktabah al-Anjlū al-Miṣrīyah.

Al-Ḥaddād, al-Ṭāhir. 1999. *Imrātunā fi al-Sharī'ah wal-Mujtama'*. Cairo: al-Majlis al-A'lā li-al-Thaqāfah.

Al-Ḥusaynīy, Mubashshir al-Ṭirāzīy. 1984. *al-Mar'ah wa-Ḥuqūquhā fi al-Islām*. Beirut: Dār al-Kitāb al-'Arabīyah.

Amīn, Aḥmad. 2002. *Qāmūs al-'Ādāt wal-Taqālīd wal-Ta'ābīr al-Miṣrīyah*. Cairo: Maktabah al-Nahḍah al-Miṣrīyah.

Ayyūb, Ḥasan. *al-Sulūk al-Ijtimā'īy fi al-Islām*. Cairo: Dār al-Salām.

'Amru, 'Abd al-Mu'im. 1994. *Thalāthūna Bid'ah wa-min Bida' al-Nisā'*. al-Manṣūrah: Maktabah al-Īmān.

Ḥadīth

Ḥammūd, b. Ḍāwī al-Qthāmī. 1981. *al-Sharī'ah al-Islāmiyah*. Riyāḍ: al-Dār al-Sa'ūdiyah.

Ḥusayn, al-'Āwdāt al-Mar'at. 1996. *al-'Arabīyah fi al-Din wal-Mujtama'*. Dimashq: al-Ahālīy.

'Iwaḍ, Ahmad 'Abduh and Ḥusnā Muḥammad al-Rawdīy. 2000. *al-Zawāj bayna al-Dīn wal-Ṭibb*. Cairo: Markaz al-Kitāb lil-Nashr.

Mughnīyah, Muḥammad Jawwād. 1996. *al-Fiqh 'alā al-Madhāhib al-Ḳamsah*. Beirut: Dār al-Jawwād.

Muḥammad Abu Zahrah. 1996. *Tārīkh al-Madhāhib al-Islāmiyah.* Cairo: Dar al-Fikr al-'Arabi.

_____. 1997. *Uṣūl al-Fiqh*. Cairo: Dar al-Fikr al-'Arabi.

Muḥammad al-khaḍarī. 1988. *Tārīkh al-Tashri' al-Islāmīī*. Beirut: Dār al-Kutub al-'Ilmiyah.

Muḥammad Muṣṭafa shalabi. 1974. *Uṣūl al-Fiqh al-Islāmī.* Beirut: al-Dar al-Jāmi'iyah

Muḥammad, Zuhayr Mashāriqah. 1988. *al-Ḥayāh al-Ijtimā'īyah 'inda al-Badwu fī al-Waṭan al-'Arabīy*. Damascus: Tlasdar.

Muṣṭfā, Fārūq Ahmad. 2004. *al-Mawālid - Dirāsat lil-'Adāt wal-Taqālīd al-Sha' bīyah fī Miṣr*. Cairo: al-Hay'at al-'Āmah li-Quṣūr al-Thaqāfah, Cairo.

Qur'an

Yūsf, al-Qaraḍāwi. 1979. *al-'Ibādah fi al-Islām*. Beirut: al-Ṭiba'ah al-sādisah.

_____. 1980. *al-Ḥalāl wa al-Ḥarām fī al-Islām*. Cairo: Maktabah Wahbah.

_____. 1985. *al-Ijtihād fī al-Sharī'ah al-Islāmiyah*. Kuwait: Dār al-Qalam.

_____. 1987. *Sharī'ah al-Islām*. Beirut: al-Maktab al-Islāmi.

_____. 1990. *Madkhal Lidirāsah al-Sharī'ah al-Islāmiya*. Cairo: Maktabah Wahbah.

찾아보기

저자 약력

최창모

최창모 교수는 연세대학교와 동 대학원에서 신학을 전공한 후, 예루살렘 히브리 대학교 박사과정에서 이스라엘 역사와 히브리 문학 및 초기 유대교와 기독교를 비교 연구하였다(Ph.D). 현재는 건국대학교 문과대학(히브리 중동학 전공) 교수에 재직 중이다. 미국 UC 버클리, 영국 옥스퍼드 대학, 예루살렘 히브리 대학에서 교환 및 방문 교수를 지냈으며, 건국대 평생교육원장, KBS 객원해설위원, 한국중동학회장을 역임하고, 현재 외교통상부 정책자문위원으로 활동 중이다. 주요 저서로는 ≪이스라엘史≫, ≪금기의 수수께끼≫, ≪기억과 편견≫ 등 다수가 있으며, 약 40여 편의 논문을 썼다.

최영철

건국대학교 행정학과를 졸업한 후 이스라엘 히브리 대학교 정치학과 에서 정치학 석사 및 박사 학위를 취득했으며, 히브리 대학교 강사 및 동 대학교 부설 The Harry S. Truman Research Institute for the Advancement of Peace 연구원, KBS 예루살렘 통신원, 재이스라엘 한인회장, 호남대 초빙교수, 명지대 연구교수를 역임했다. 건국대, 경희대, 성균관대, 한양대, 한일장신대에 출강하고 있으며, 현재 서울장신대학교 교양학부 전임강사로 재직 중이다.

저서 및 논문으로는『중동정치의 이해 1, 2, 3』(전3권, 공저),『핵심 탈무드』(역서),「팔레스타인 국가건설과정에서의 내적 갈등과 협력」,「이슬람과 정치발전: 22개 아랍국가의 사례연구」,「이스라엘의 대 테러정책 수행과 행정통제」,「2006년 레바논 전쟁과 그 함의」, “A Comparative Study on Tunisian Government’s Religious Policies and their Limits”, “A Study on the Israeli-Palestinian Peace Process with respect to the Issue of Jerusalem” 등이 있다.

이원삼

카타르 국립대학교 샤리아(이슬람법) 대학에서 학사를 취득하고, 모로코 Mohammed V 대학에서 이슬람 사상으로 석, 박사학위를 받아 한국인 최초로 중동국가에서 학사학위부터 박사학위까지 취득했다. 사우디아라비아의 알-이맘 무함마드 이븐 사우드(Al-Imam Muhammad Ibn Saud Islamic University) 이슬람 대학 초빙교수를 역임했고 한국중동학회, 한국이슬람학회 감사와 이사 및 한국 이슬람 문화연구소 소장을 거쳐 현재 선문대학교 국제학부 교수로 재직 중이다.

저서로는 『이슬람법 사상』(문화관광부 2002 우수학술도서), 『이슬람』(공저), 『중동종교의 이해 1』(공저), 『문화론 하나』(공저)가 있으며, 「아랍 소수민족 종파 분포도 연구」, 「이집트 소수집단 꼽트연구: 민족 정체성을 중심으로」, 「이슬람 입법사상의 비교연구」, 「이슬람에서의 법 판단(ḥukm)」, 「이슬람법과 신학의 관계성 연구」 등 다수의 논문이 있다.

김종도

서울대학교 부설 방송통신대학 행정학과 및 초등교육학과를 졸업한 후 명지대학교 아랍어과, 한국외국어대학교 대학원을 졸업하고 카르툼 국제아랍어교육대학원, 옴두르만 이슬람 대학교 대학원을 졸업했다. 수단 한글학교장, 한국외대, 숭실대, 아세아연합신학대 겸임교수, 명지대 강사 및 연구교수를 역임했고, 현재 한국외국어대학교 연구교수, 명지대 객원교수, 연세대학교 학사지도교수, 건국대 강사, 한국 제2외국어교육 정상화추진연합 사무총장으로 있다.

저서로는 『김종도 아랍어 시리즈 1, 2 ,3』, 『20세기 중동을 움직인 인물 50選』(공저), 『한국현대시선』(아랍어), 『권력과 리더쉽5』(공저), 『중동언어의 이해 1, 2, 3』(전3권, 공저), 『꾸란 어휘사전』(공저) 등이 있고, 논문에는 「코란 명사구 연구」, 「아랍인의 해몽연구」, 「사우디 방언의 효율적 학습방안 연구」, 「명사구 연구」(아랍어), 「한국-아랍 속담 비교연구: 금전관을 중심으로」(영어)등이 있다.

한울아카데미 1052
유대교와 이슬람, 금기에서 법으로

지은이 | 최창모·최영철·이원삼·김종도
펴낸이 | 김종수
펴낸곳 | 도서출판 한울

편집책임 | 김경아
편집 | 염정원

초판 1쇄 인쇄 | 2008년 6월 10일
초판 1쇄 발행 | 2008년 6월 28일

주소 | 413-832 파주시 교하읍 문발리 507-2(본사)
121-801 서울시 마포구 공덕동 105-90 서울빌딩 3층(서울 사무소)
전화 | 영업 02-326-0095, 편집 02-336-6183
팩스 | 02-333-7543
홈페이지 | www.hanulbooks.co.kr
등록 | 1980년 3월 13일, 제406-2003-051호

Printed in Korea.
ISBN 양장 978-89-460-5052-5 93910
학생판 978-89-460-3942-1 93910

* 책값은 겉표지에 있습니다.
* 이 도서는 강의를 위한 학생판 교재를 따로 준비했습니다.
강의 교재로 사용하실 때에는 본사로 연락해주십시오.